W0239132

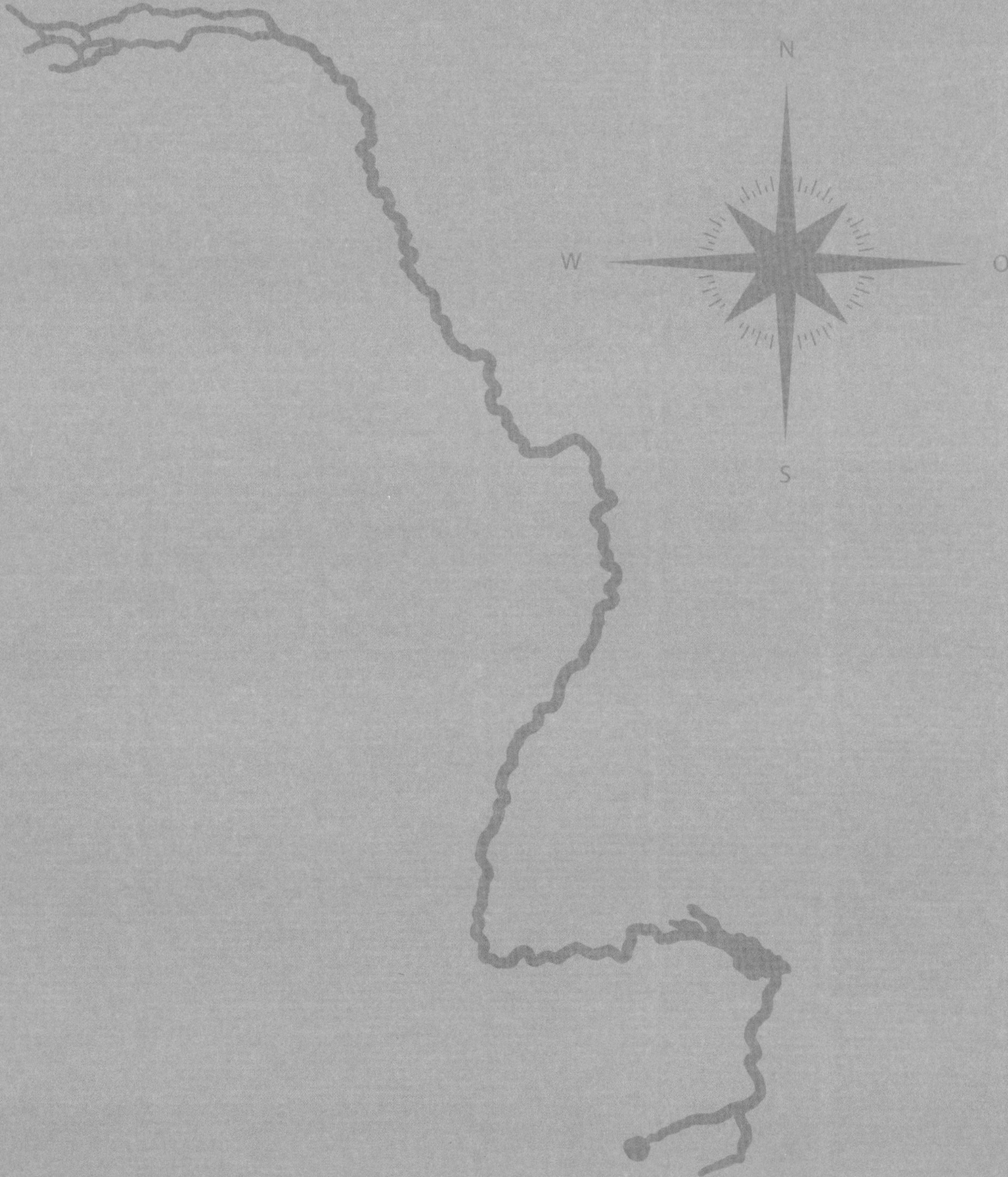
N
W
O
S

Joachim Rieger

RHEIN AUF, RHEIN AB

1.238,8 km Wasser, Kraft und Leben

fotoforum art edition

Rhein auf, Rhein ab

Ein neuer Lebensraum
Joachim Riegers Rhein-Bilder

Mit einer gewöhnlichen Gummiente mit GPS-Sender wurde es in einer Wissenschaftssendung unlängst bewiesen: Für die mehr als 1.200 Kilometer des Rheins benötigte die Ente – inklusive der Passage durch den Bodensee – etwa 31 Tage. Einen Monat schwamm sie inmitten des größten und wasserreichsten Stroms in Deutschland. Alpenrhein, Hochrhein, Oberrhein, Mittelrhein, Niederrhein und Deltarhein – so lautet die bekannte Gliederung des Flusses.

Brücken, Häfen, Fähren und Seilbahnen, Schiffe, Kanäle, Felsmassive, Industrieanlagen, Weinberge, Zuflüsse, Flora und Fauna, Burgen, Schlösser, Städte, Dörfer und grandiose Landschaften: all das gliedert die Strecke, gibt dem Fotografen Stoff für kleine und große Erzählungen.

Doch der Kölner Fotograf Joachim Rieger blickt eher auf das Kleine, das Alltägliche. Der Quellstein des Rheins am Tomasee steht am Anfang des Buchs. Den alpinen Rhein würdigt er mit einigen beeindruckenden Landschaftsaufnahmen, doch vor allem ist es das Wasser, das ihn anzieht: „Ich liebe es, Wasser zu fotografieren", sagt der gebürtige Kölner, der dem Rhein seit frühester Kindheit eng verbunden ist.

Den Rhein betrachtet er in vielen Stationen, doch hat der Fotograf nicht den Anspruch auf enzyklopädische Vollständigkeit. Viele Rheinkilometer lang hat er gar nicht fotografiert. Dem romantischen Rhein etwa widmet er nur wenige Seiten. Den mochte er nie so wirklich, so Joachim Rieger, auch wenn er die Loreley, das UNESCO-Welterbe Mittelrheintal, nicht ganz aussparen will.

Ganz weit entfernt sind seine Bilder vom Bild des Rheins als „Vater", als mythischer Fluss, als symbolischer Strom der Deutschen. Auch fotoästhetisch findet Rieger sein Glück in einer schönen, unprätentiösen Alltäglichkeit: Mit einem Smartphone hat er fotografiert, für ihn ist es nur ein weiteres fotografisches Werkzeug – wie andere auch. Man kann damit in Ruhe arbeiten, sagt er. Man fällt nicht so auf: „Die Leute nehmen dich nicht mehr wahr." Der Blick des Fotografen folgt der Kamera – und nicht umgekehrt. Überhaupt probiert er gerne viel aus, wurde stark von der Fotografie mit Lomo & Co. beeinflusst, wählt für seine verschiedenen Projekte immer neues Kameramaterial.

„Der Rhein ist der Fluss, von dem alle Welt redet und den niemand studiert, den alle Welt besucht und niemand kennt", schrieb Victor Hugo schon 1845. Und das stimmt noch immer. Als Kölner, dessen Serie „Köln liegt am Rhein" schon bei verschiedenen Ausstellungen zu sehen war, hatte Rieger schon lange den Traum, das zu ändern. Und so zog er los, fotografierte Wasser und Menschen. Die Menschen sind für Rieger wichtig. Sie beleben seine Bilder – an ihnen wird ein neues Bewusstsein für den Strom deutlich. Noch vor wenigen Jahrzehnten war der Rhein vor allem ein Wasserweg für Transport und Verkehr. Heute ist er ein Lebensraum für die Menschen geworden, die sich seine Ufer nach und nach neu erschließen.

Doch bis heute bleibt der Rhein mehr als ein Fluss. Er verbindet Länder, erstreckt sich von den Alpen bis zur Nordsee. Er beginnt wild im Gotthard-Massiv, ist Grenzfluss zwischen der Schweiz und Deutschland, dann bildet er die Grenze zwischen Deutschland und Frankreich, um sich schließlich über Köln, Düsseldorf und Duisburg den Niederlanden zu nähern und hier in die Nordsee zu münden. Dazwischen gibt es Schönheiten zu entdecken, Kurioses, Nebensächliches – das der Fotograf mit viel Gefühl ins Bild bringt.

Dabei kommt er den Menschen nahe, auch wenn er sie meistens nur von hinten als Beobachter zeigt. Auch sie beschauen fasziniert – wie der Fotograf – den Rhein. Für einen Augenblick ist ihr Blick auch der des Fotografen. Solche Augenblicke, solche fotografischen Glücksmomente, solche Bilder, die Geschichten erzählen, schätzt Joachim Rieger. Seine Bilder sind eine unpathetische Liebeserklärung an den Fluss seiner Heimatstadt. Und sie erzählen vom Zauber, der in den Dingen liegt.

Marc Peschke

Der Rhein in Fakten

Mit einer Länge von 1.238,8 Kilometern ist der Rhein einer der wichtigsten Flüsse Europas. Er verbindet die industriellen Zentren mit dem Ruhrgebiet und der Nordseeküste, den südlichen Landesteilen Deutschlands sowie Frankreich und der Schweiz. 833 Kilometer sind für die Großschifffahrt nutzbar.

Der Tomasee im schweizerischen Kanton Graubünden gilt als die Quelle des Rheins. Die Kilometereinheit des Rheins beginnt mit dem Nullpunkt in der Mitte der alten Konstanzer Rheinbrücke und endet mit km 1.036,2 westlich von Hoek van Holland. Generell fließt der Rhein in nordnordwestlicher Richtung durch die Schweiz, Österreich, Liechtenstein, Frankreich, Deutschland und die Niederlande. Dabei führt sein Weg durch viele unterschiedliche Naturräume und Landschaften. Der Rhein wird in sechs Regionen aufgeteilt:

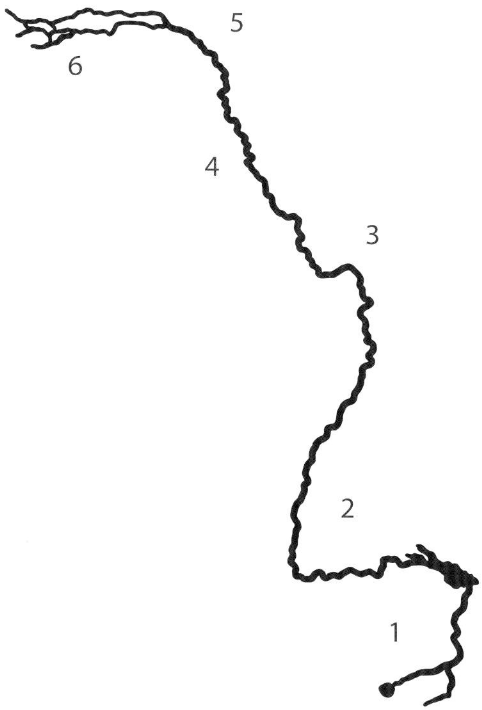

1. Alpenrhein – bis zur Mündung in den Bodensee
2. Hochrhein – bis Basel
3. Oberrhein – bis Bingen
4. Mittelrhein – bis Bonn
5. Niederrhein – bis Millingen
6. Deltarhein – bis Hoek van Holland (Rotterdam)

Der Rhein galt bereits in der Römerzeit als sehr bedeutende Wasser- und Handelsstraße. Vor der Erfindung der Dampfschifffahrt wurden Personen und Güter auf dem Niederrhein mit Hilfe von flachkieligen Segelschiffen befördert. In Köln mussten sie auf kleinere Lastkähne umgeladen werden, die wiederum durch Menschen oder Pferde an Seilen vom Ufer aus getreidelt wurden. Aus Kostengründen schätzt man den Rhein als Transportweg heute besonders für Massengüter und Containerschiffe.

Die Schifffahrt auf dem Rhein war nicht immer ungehindert: Erst mit der Rheinschifffahrtsakte vom 31. März 1831 wurden rechtliche Hindernisse wie das Stapelrecht in Köln und Mainz abgeschafft und so die Freiheit der Schifffahrt bis in das offene Meer garantiert.

Der einst mäandernde Rhein wurde überwiegend im 19. Jahrhundert begradigt, um den Fluss effektiv schiffbar zu machen. Trotzdem kamen noch bis in die 1980er Jahre auf dem schwierigen Fahrwasser bei St. Goar ortskundige Rheinlotsen zum Einsatz, die auch heute hin und wieder auf dem Teilstück zwischen Mannheim und der Schleuse Iffezheim den Schiffern den Weg weisen.

Der Rhein ist heute aufgrund der baulichen Maßnahmen von Rheinfelden bis Rotterdam durchgängig und problemlos schiffbar. An den Staustufen oberhalb von Rheinfelden befinden sich für die Kleinschifffahrt Umsetzungsanlagen. In den Sommermonaten besteht zwischen Schaffhausen und Konstanz eine durchgehende Schiffsverbindung. Das Stauwehr in Schaffhausen sorgt für einen gleichbleibenden Wasserstand. Nicht reguliert ist der Rhein bis Stein und von daher nur bei entsprechendem Wasserstand schiffbar. Der Bodensee ist vor allem bei Seglern sehr beliebt. Der Alpenrhein ist für die Schifffahrt gesperrt – und begeistert dafür mit seiner unverwechselbaren Urwüchsigkeit.

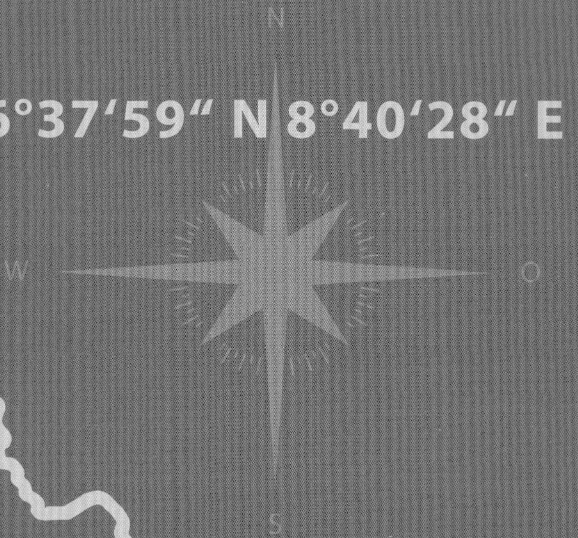

46°37'59" N 8°40'28" E

Tomasee

Hoch oben in den Schweizer Bergen, gespeist vom Gletschereis, entspringt der Rhein. Der Tomasee, nahe dem Oberalppass gelegen, gilt als die Quelle des Vorderrheins. Ab hier vereint sich der Rhein mit hunderten Schmelzwasserbächen und stürzt ins Tal.

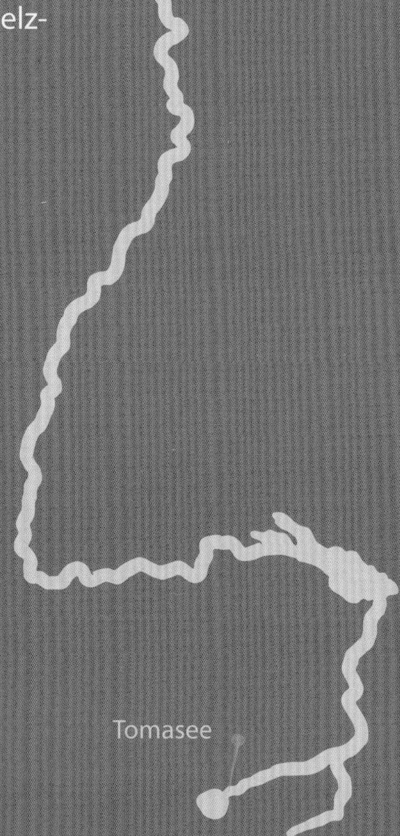

VIER QUELLEN WEG
QUELLE
RHEIN

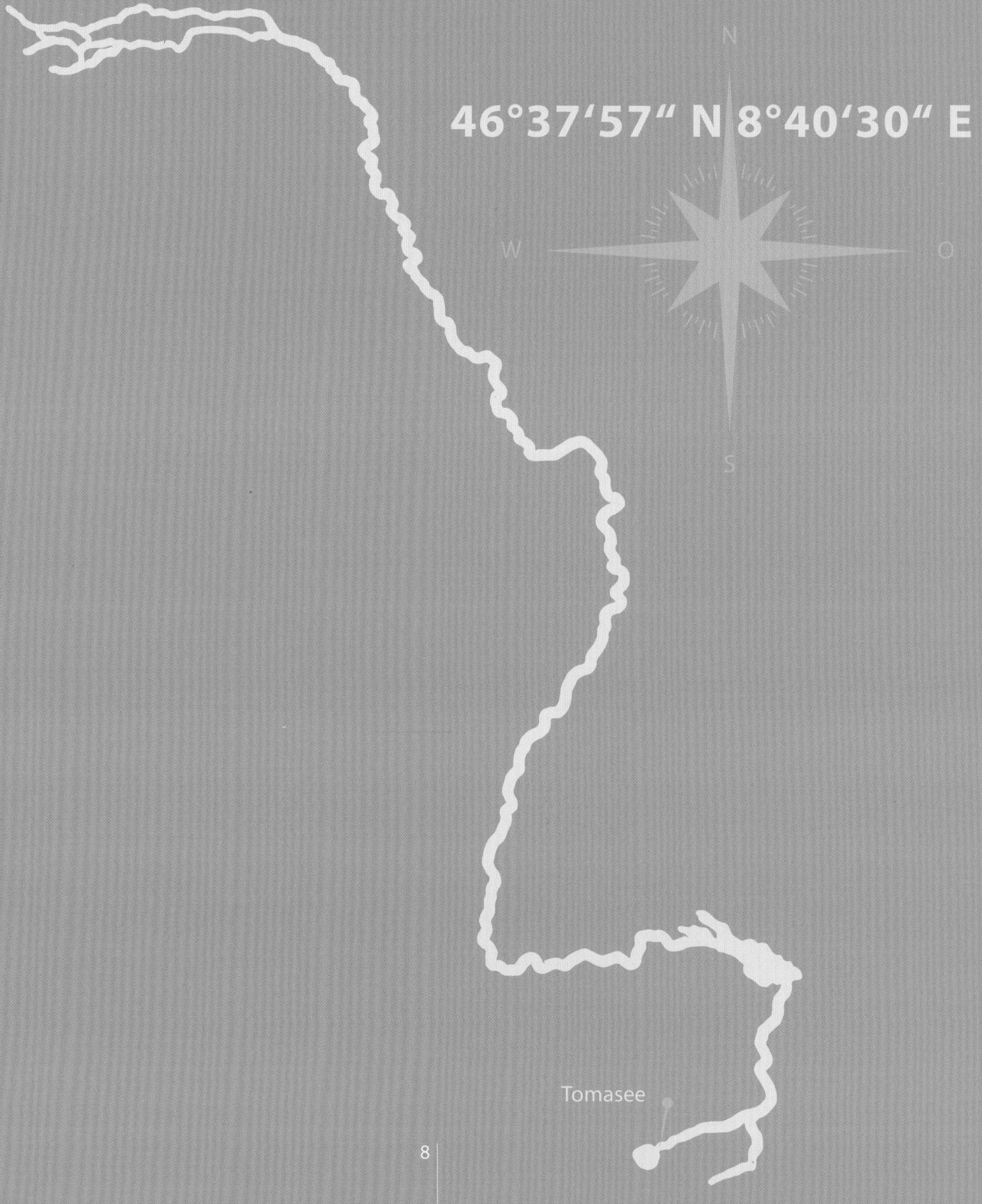
46°37‘57“ N 8°40‘30“ E
N
W
O
S
Tomasee

46°37‘57“ N 8°40‘29“ E
N
W
O
S
Tomasee

Alpenrhein

Bei Tamins-Reichenau (Schweiz) vereinen sich Vorder- und Hinterrhein zum mächtigen und regulierten Alpenrhein. Auf etwa 86 Kilometern Länge fällt er von 599 auf 396 Meter Höhe. Um Land für Siedlungen und Landwirtschaft zu gewinnen, wurde der Fluss begradigt und gebändigt und fließt so ins Tal bis in den Bodensee.

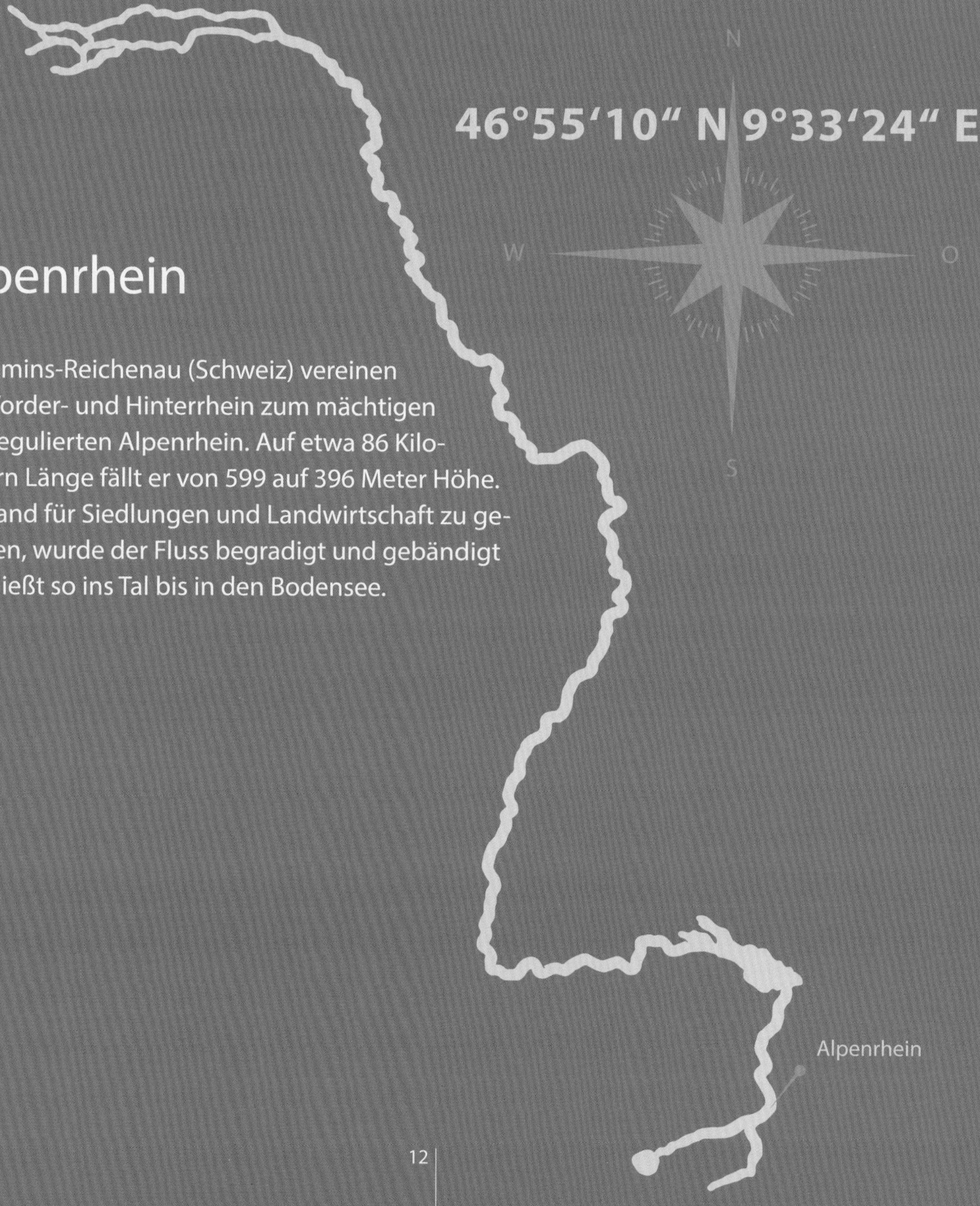

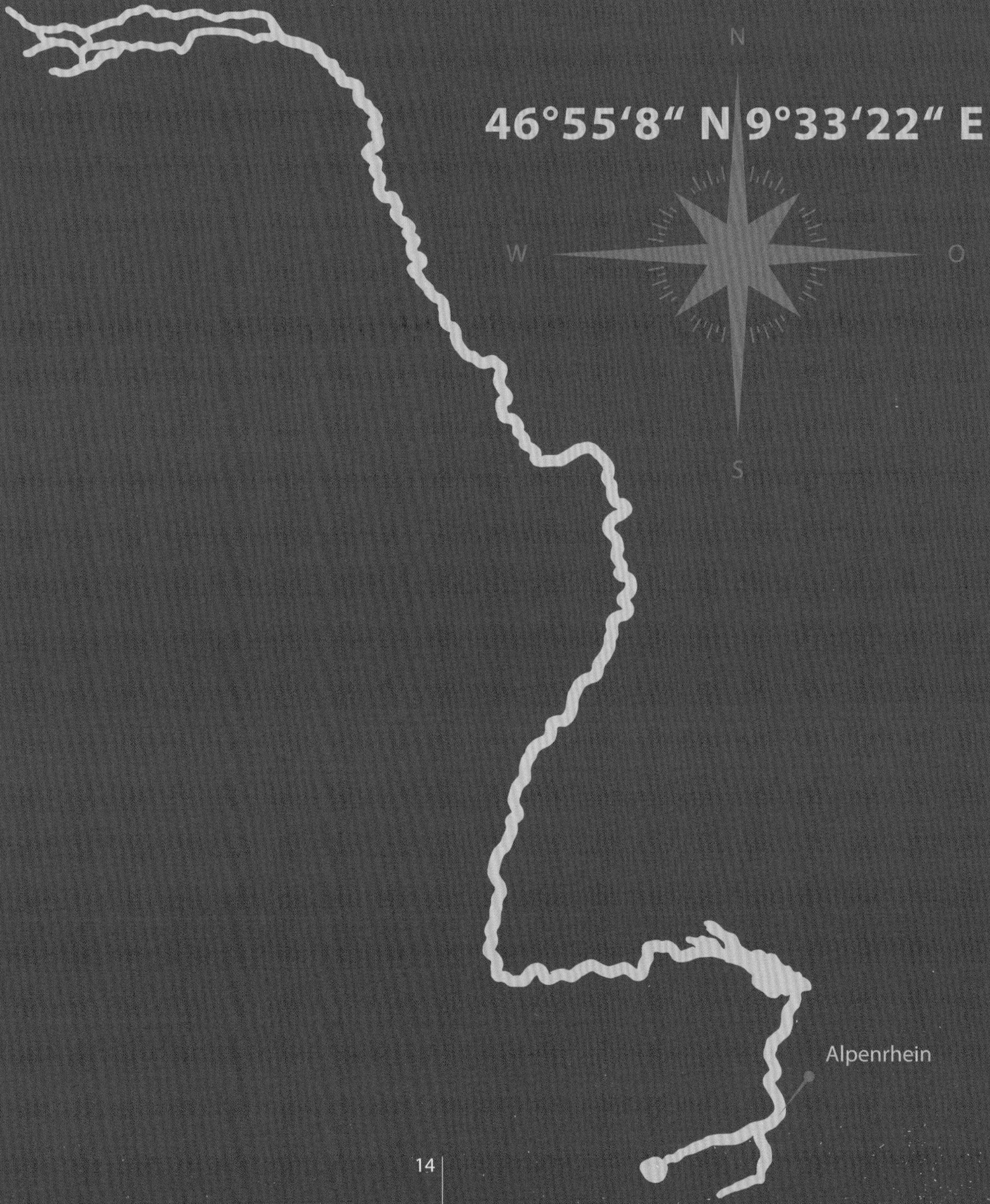
46°55'8" N 9°33'22" E
N
W
O
S
Alpenrhein

46°58′23″ N 9°33′0″ E
N
W
O
S
Alpenrhein

47°8‘48“ N 9°30‘7“ E
N
W
O
S
Alpenrhein

Bodensee – Rheindelta

Sedimente und Geröll, die der Rhein mit sich führt, können nicht mehr ausreichend abgelagert werden. Aus diesem Grund muss das künstliche Flussbett ständig frei gebaggert werden. Fast fünf Kilometer weit wird der Rhein an eine tiefe Stelle im Bodensee geführt. Mit dieser Rheinstreckung soll verhindert werden, dass die Buchten des Rheindeltas zu schnell verlanden. Das Rheindelta ist Naturschutzgebiet und dient den Menschen als Erholungsraum.

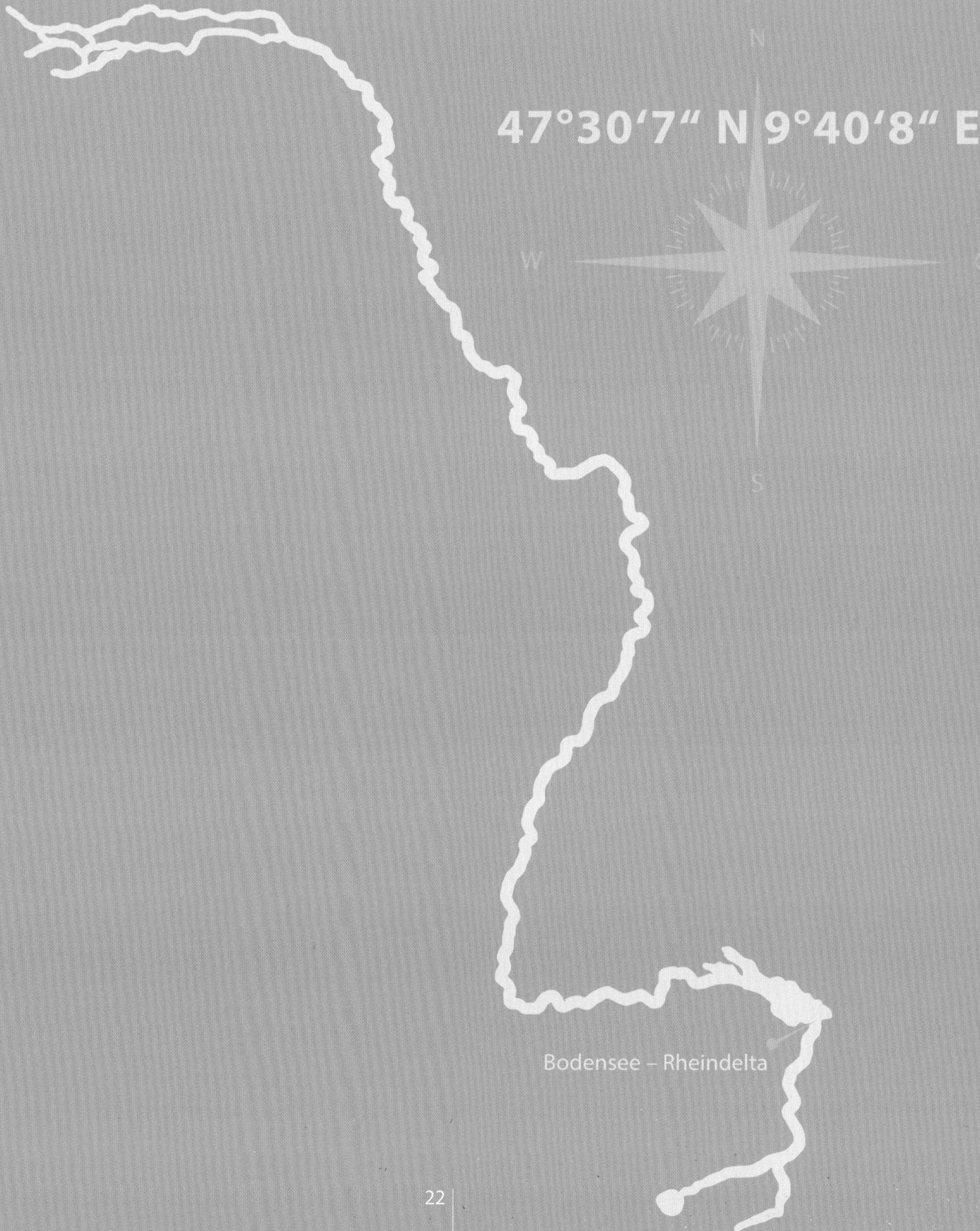
47°30‘7“ N 9°40‘8“ E
N
W
O
S
Bodensee – Rheindelta

47°29‘45“ N 9°40‘7“ E
N
W
O
S
Bodensee – Rheindelta

47°39‘49“ N 9°12‘32“ E

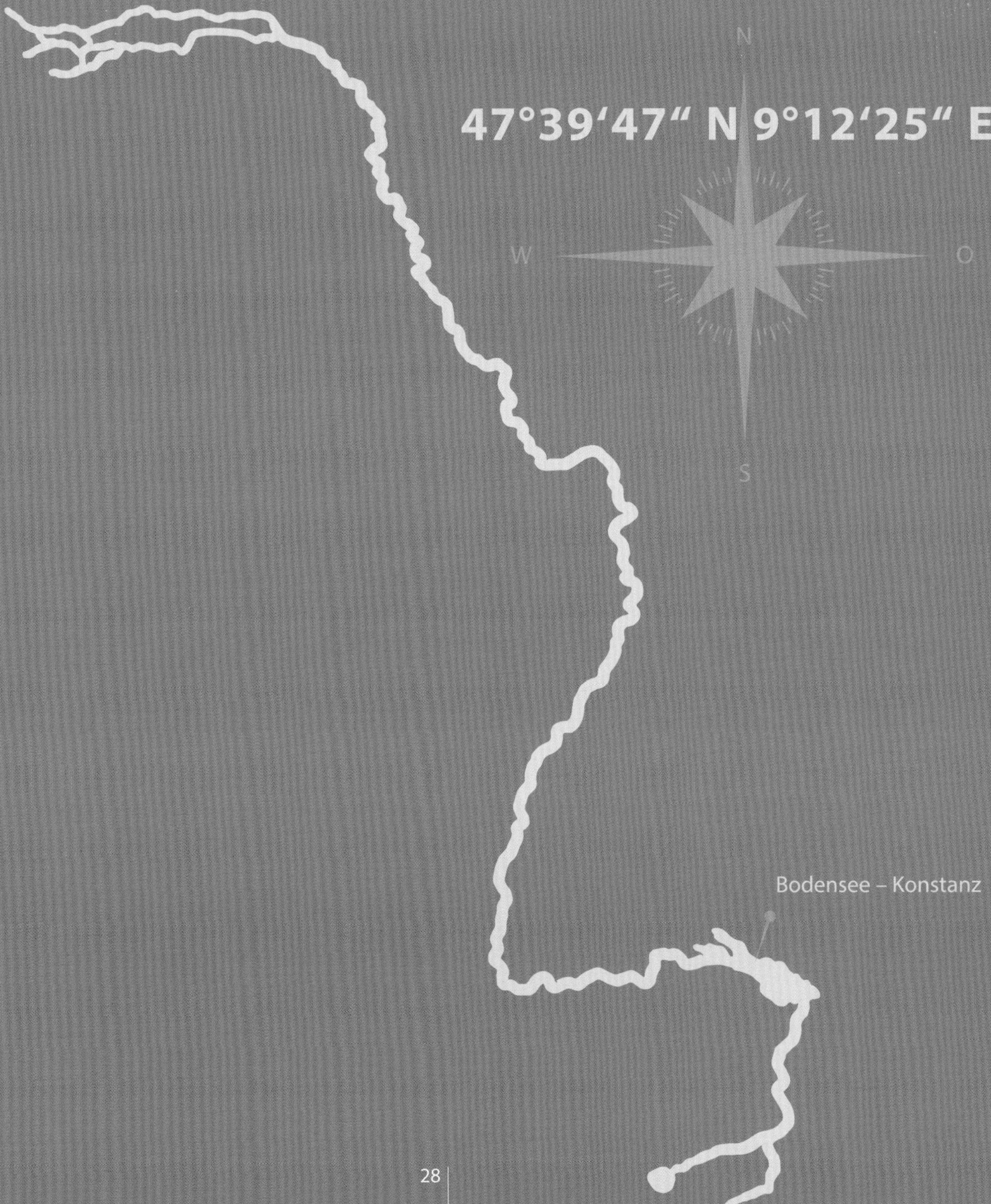
47°39'47" N 9°12'25" E
N
W
O
S
Bodensee – Konstanz

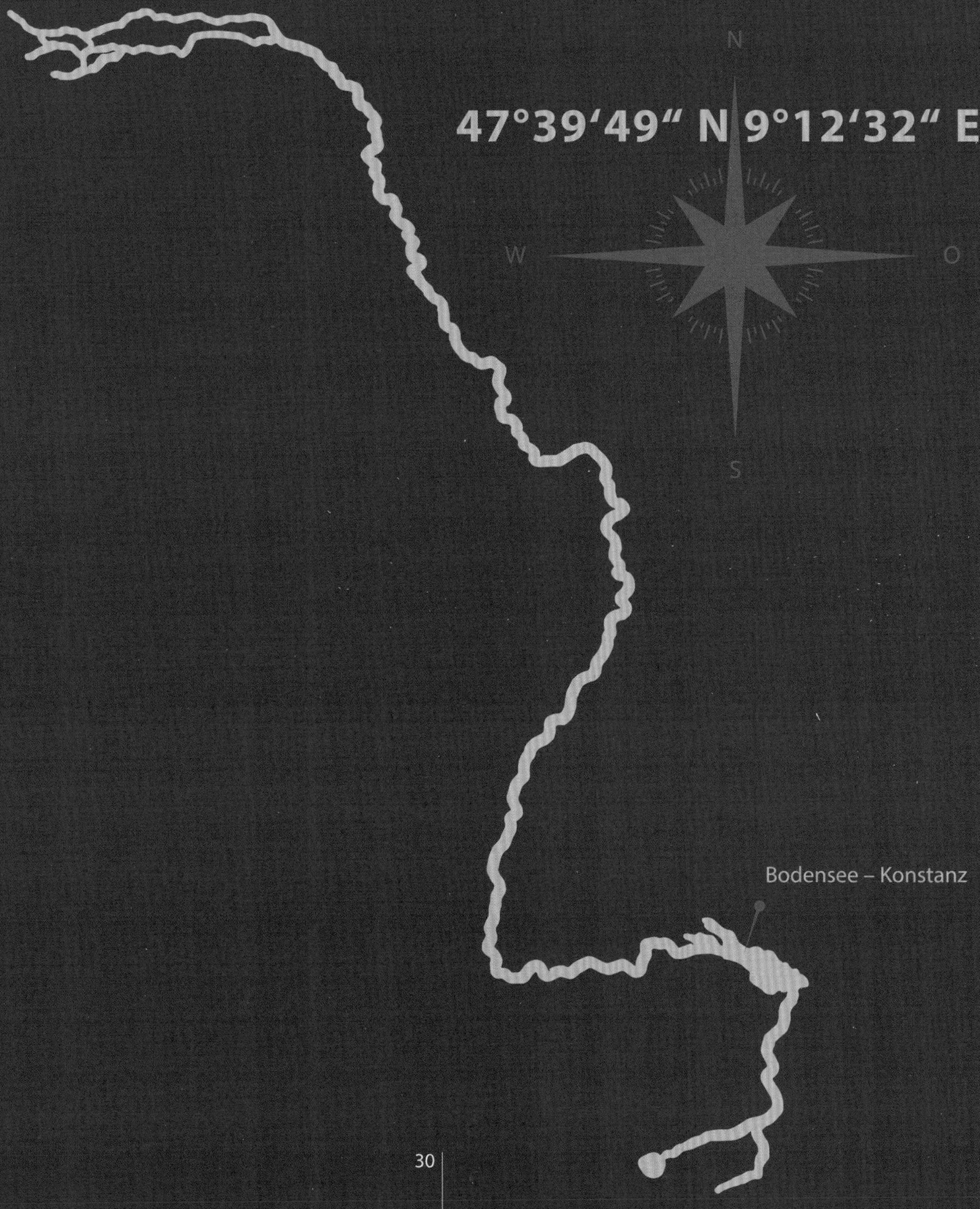
47°39‘49“ N 9°12‘32“ E
N
W
O
S
Bodensee – Konstanz

47°39‘47“ N 9°12‘33“ E
N
W
O
S
Bodensee – Konstanz

47°39'14" N 9°11'31" E

MS. MÖWE

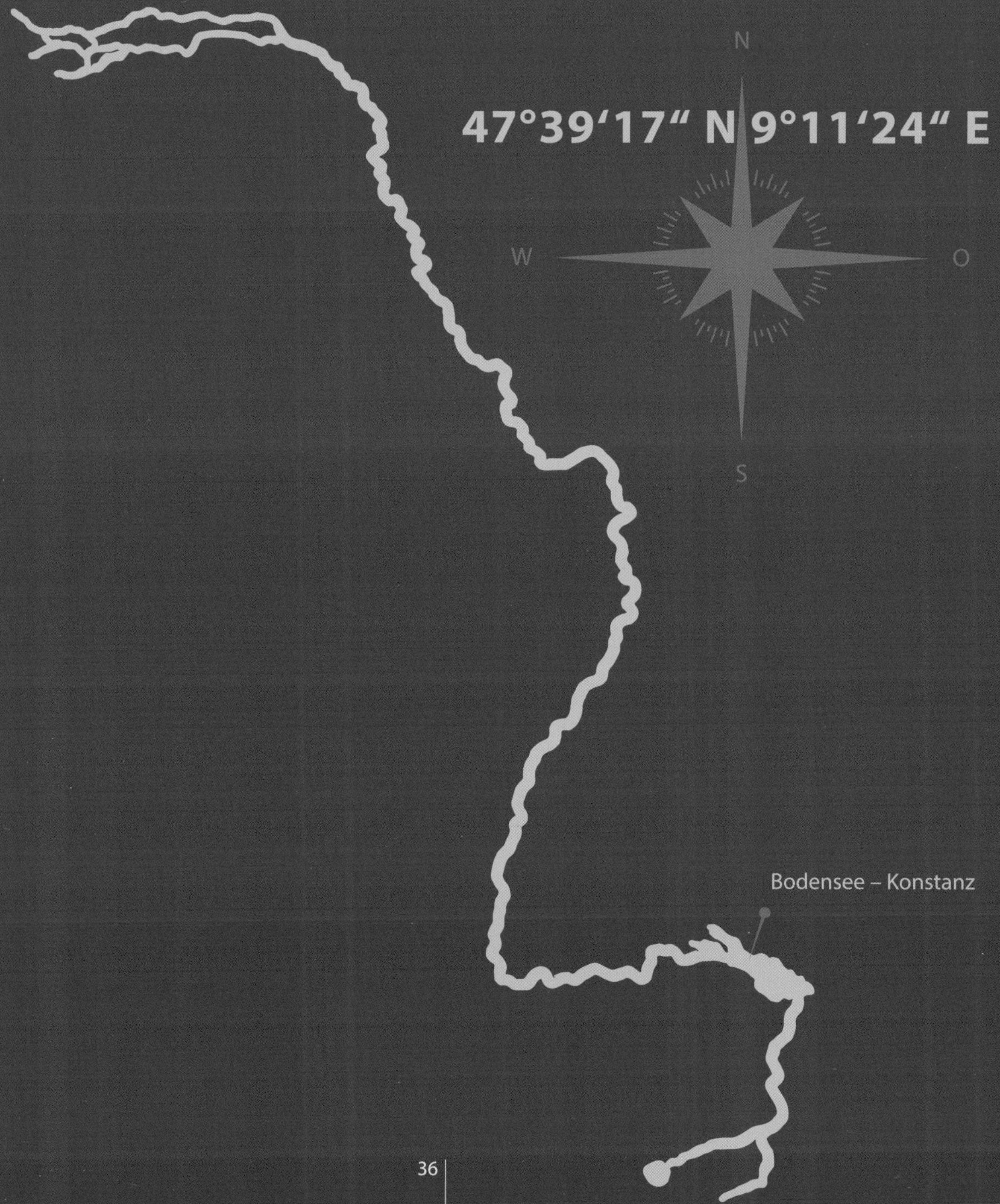
N
47°39'17" N 9°11'24" E
W
O
S
Bodensee – Konstanz

Konstanz

Konstanz liegt direkt am Ausfluss des Rheins und ist die größte Stadt am Bodensee. Mit der Schweizer Nachbarstadt Kreuzlingen ist Konstanz so verwachsen, dass die Staatsgrenze zwischen Straßen und einzelnen Häusern hindurchführt. Die Kilometrierung des Rheins beginnt in der Mitte der alten Konstanzer Rheinbrücke.

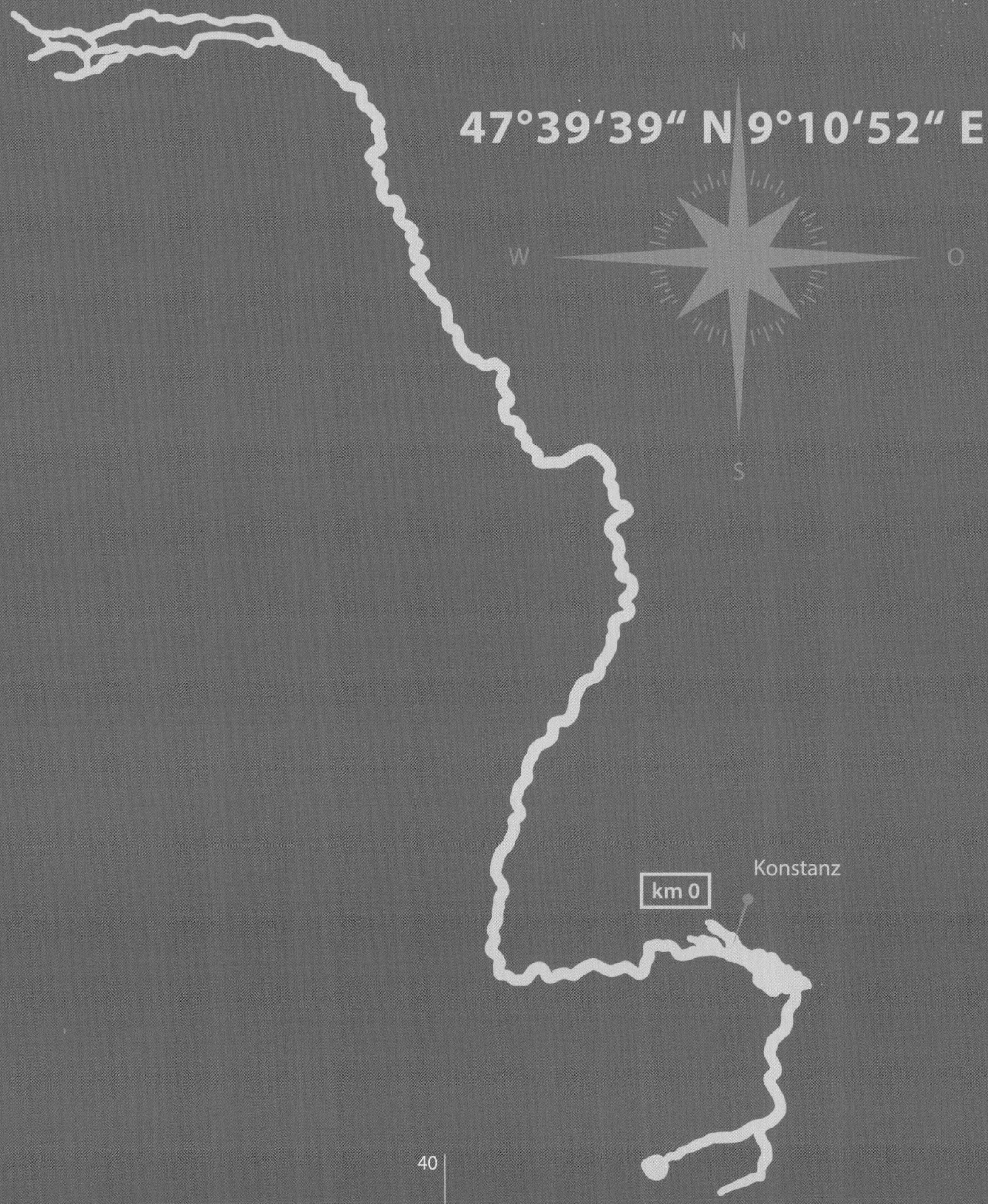
47°39‘39“ N 9°10‘52“ E
N
W
O
S
km 0
Konstanz

ANZ

47°39‘38.3“ N 9°10‘46.5“E
N
W
O
S
km 0
Konstanz

64
N8
63
62
61
60
E6
59
58
57
56
55
54
53

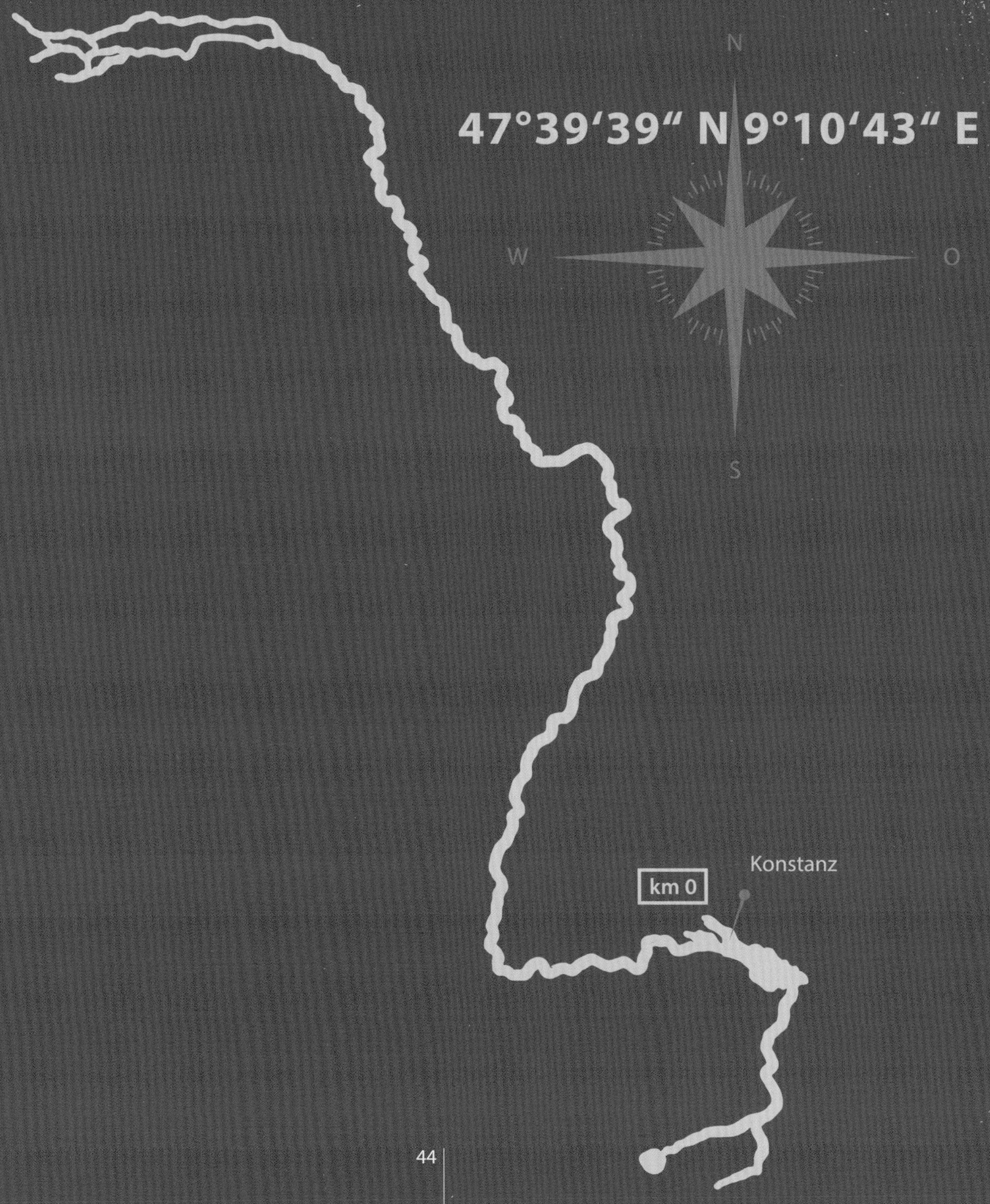
47°39'39" N 9°10'43" E
N
W
O
S
km 0
Konstanz

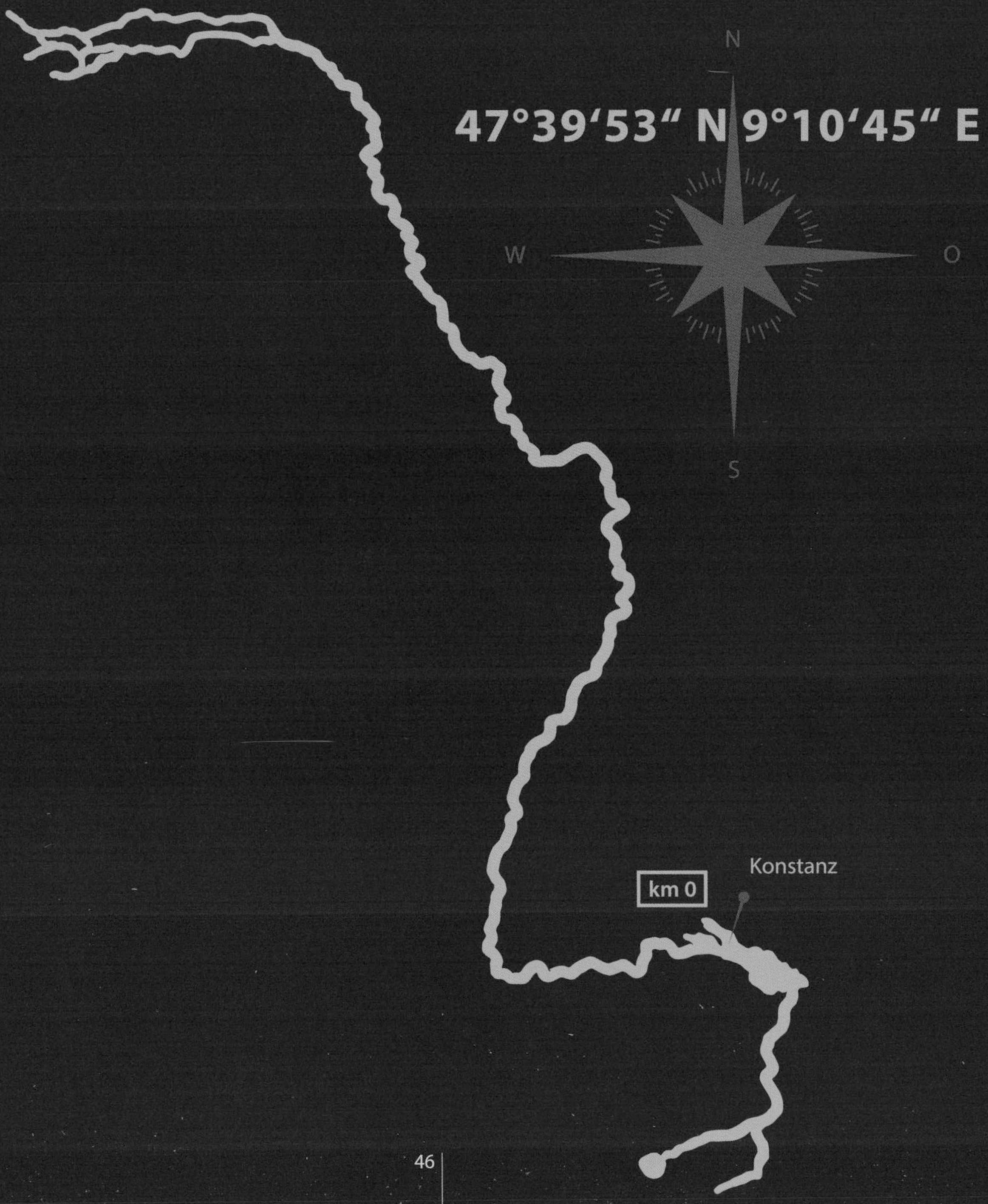
47°39‘53“ N 9°10‘45“ E
N
W
O
S
Konstanz
km 0

47°39'57" N 9°10'40" E
N
W
O
S
km 0
Konstanz

Rettungsboot

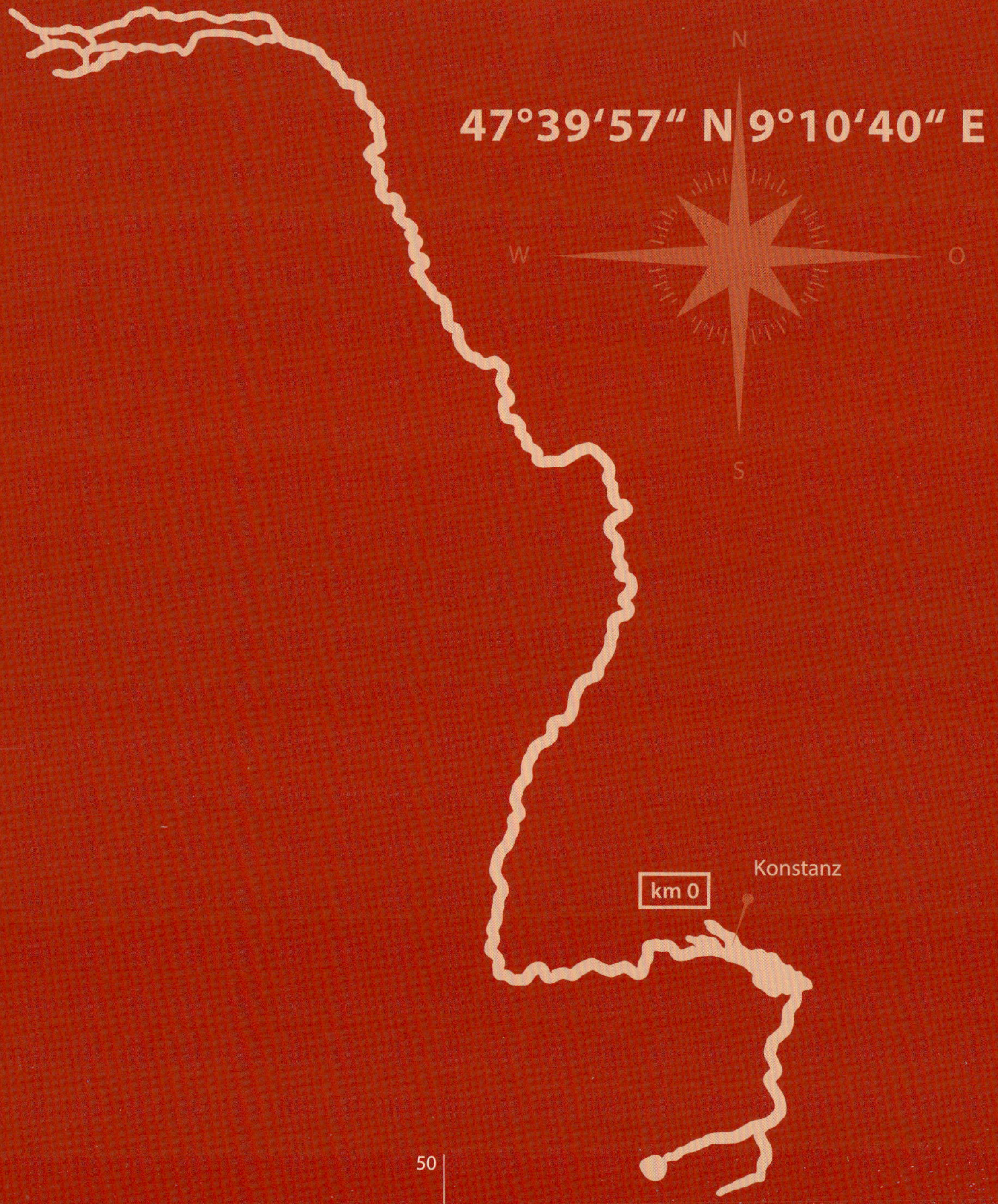
47°39'57" N 9°10'40" E
N
W
O
S
Konstanz
km 0

KN 1 27

Schaffhausen

Der Rheinfall, einige Kilometer unterhalb der Kantonshauptstadt Schaffhausen gelegen, ist mit einer Breite von 150 Metern und 23 Metern Höhe der größte Wasserfall Europas. An keiner anderen Stelle zeigt der Rhein deutlicher, welche Kraft in ihm steckt. Mit Ausflugsbooten kann man dicht an den Rheinfall heranfahren und sich auch am mittleren Felsen absetzen lassen. Es gibt mehrere Aussichtsplattformen mit atemberaubender Sicht auf den Rheinfall.

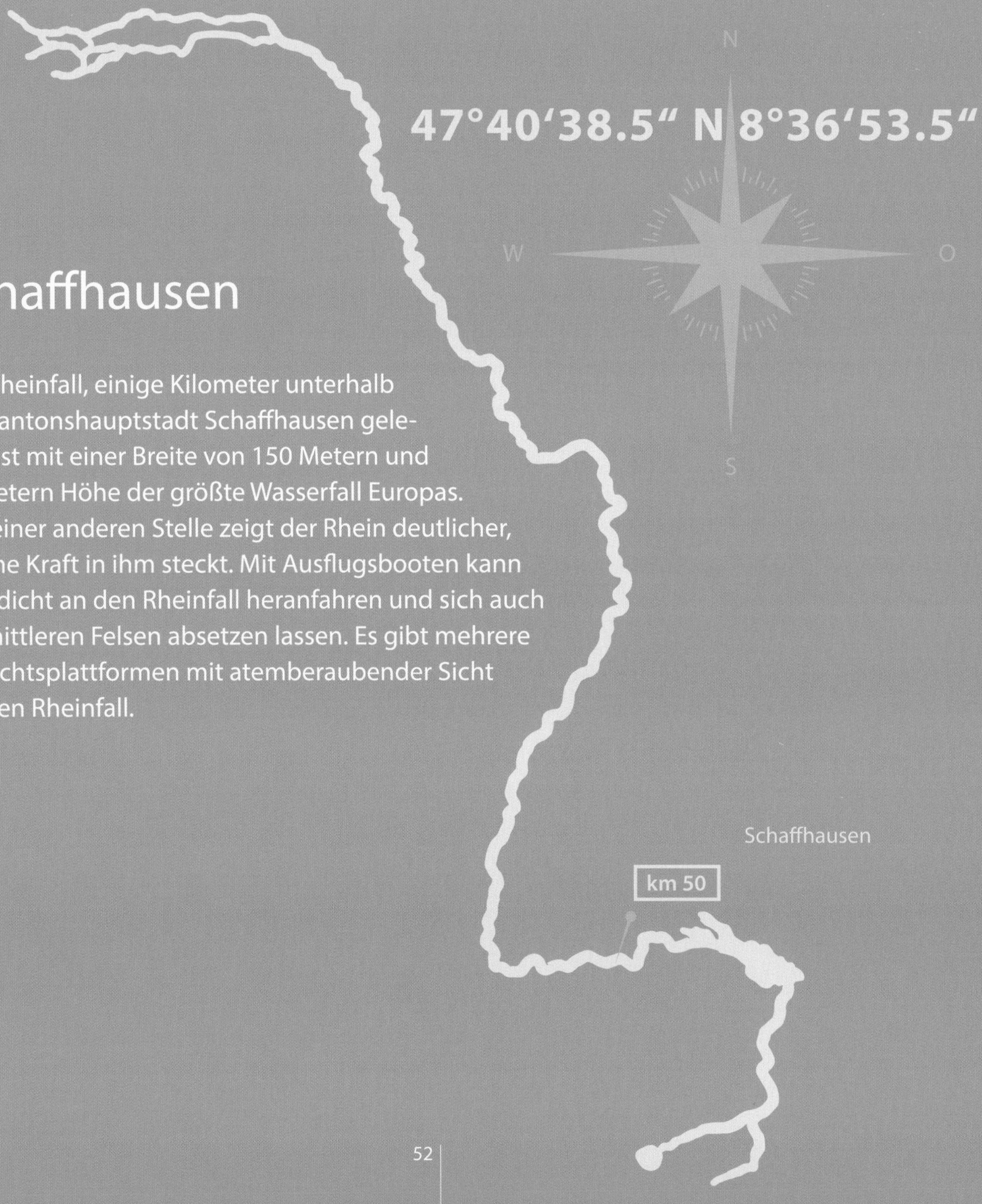

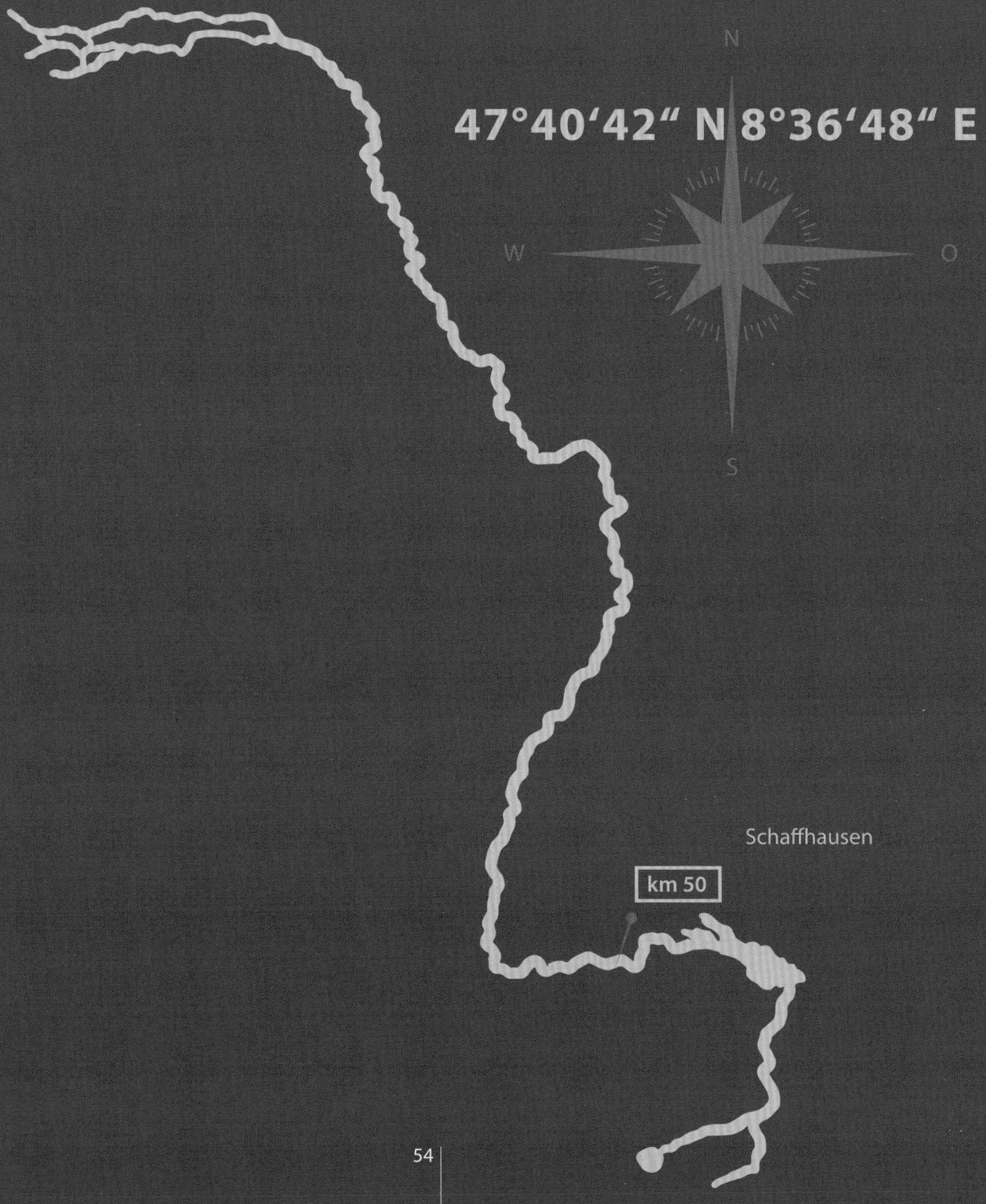
47°40‘42“ N 8°36‘48“ E
N
W
O
S
Schaffhausen
km 50

historisches Schlossfest

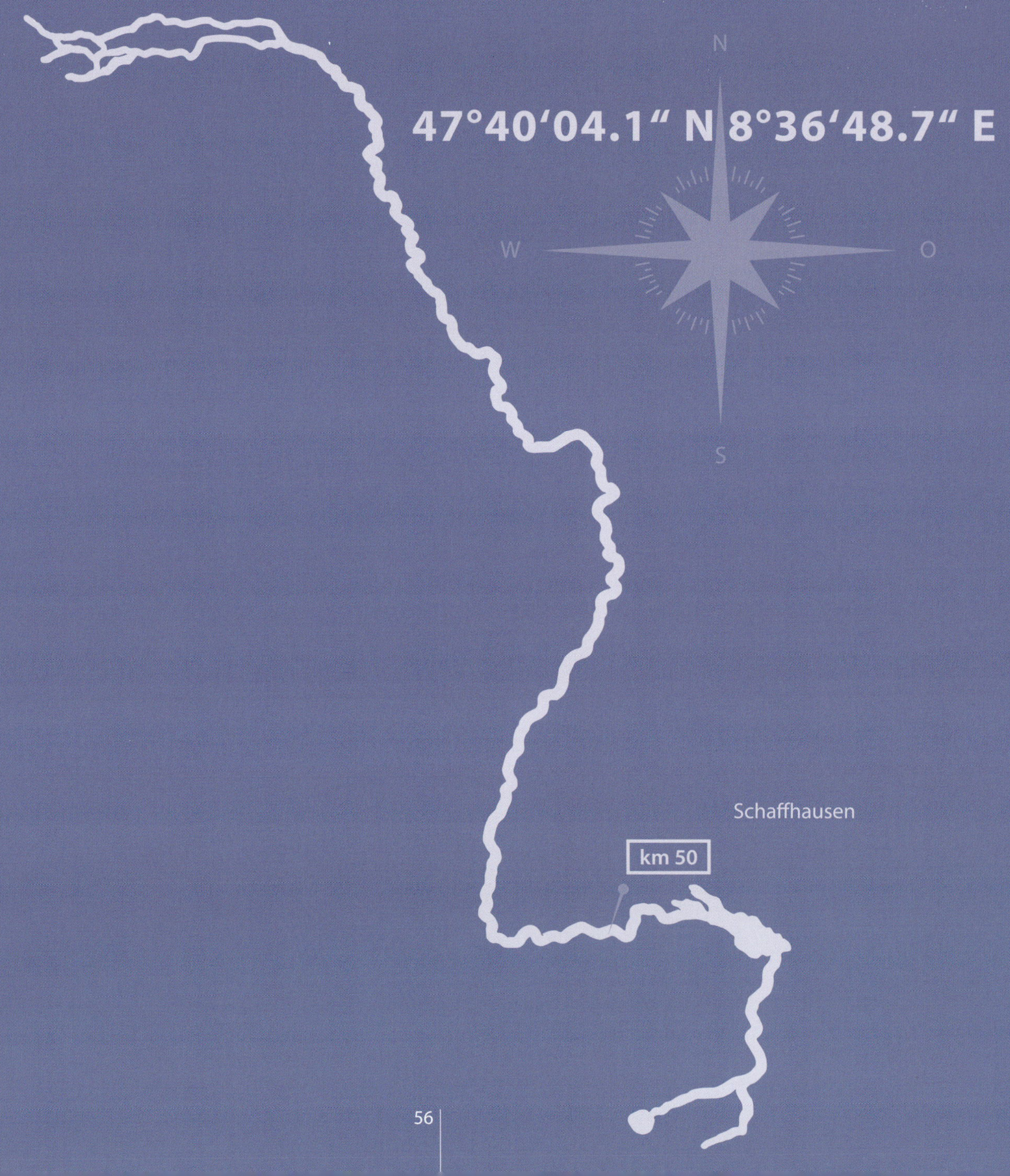
47°40‘04.1“ N 8°36‘48.7“ E
N
W
O
S
Schaffhausen
km 50

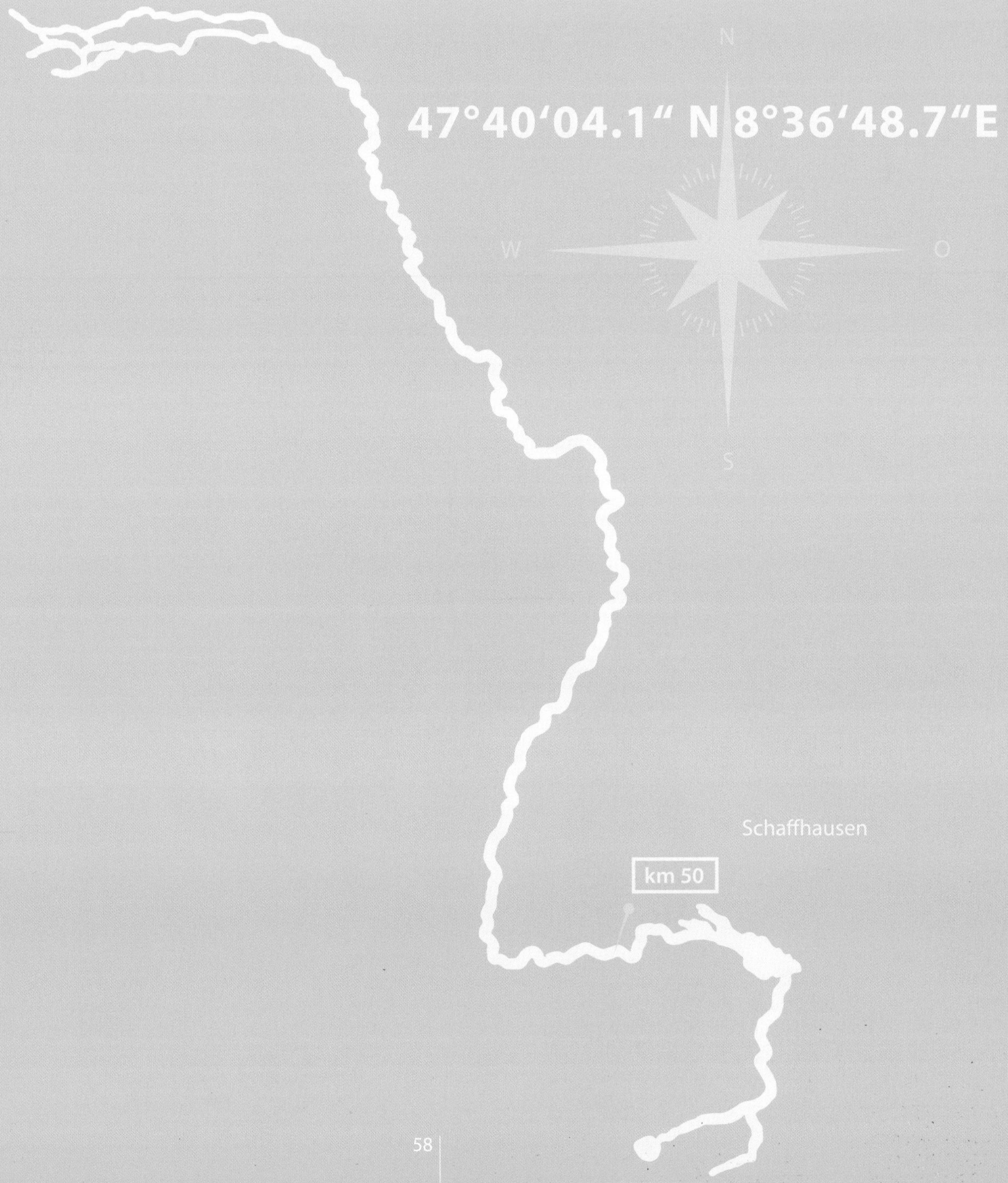
N
47°40‘04.1“ N 8°36‘48.7“E
W
O
S
Schaffhausen
km 50

47°40‘42.3“ N 8°36‘42.1“E
N
W
O
S
Schaffhausen
km 50

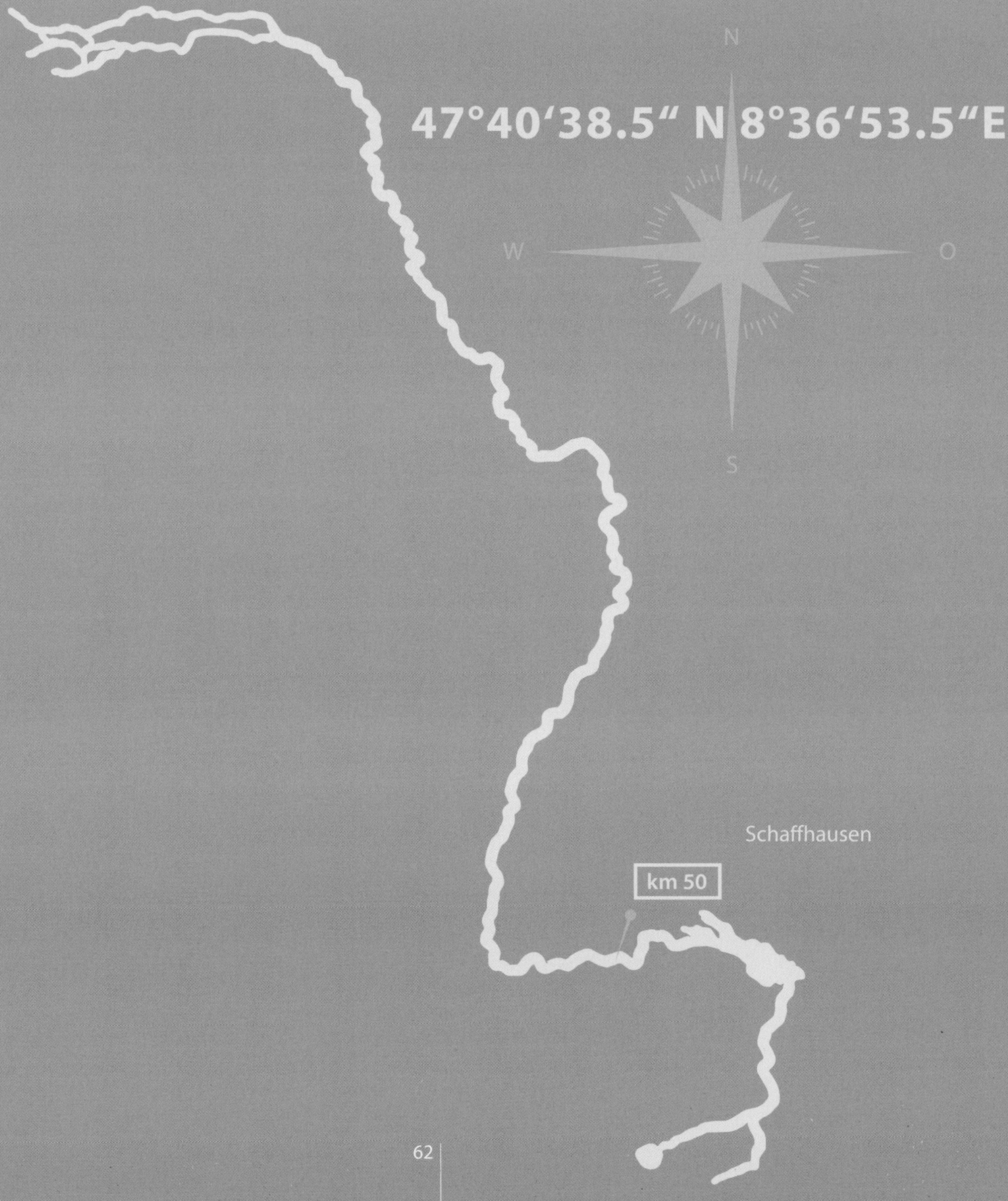
47°40‘38.5“ N 8°36‘53.5“E
N
W
O
S
Schaffhausen
km 50

30 min. Hören & Staunen

47°40‘38.1“ N 8°36‘52.2“E
N
W
O
S
Schaffhausen
km 50

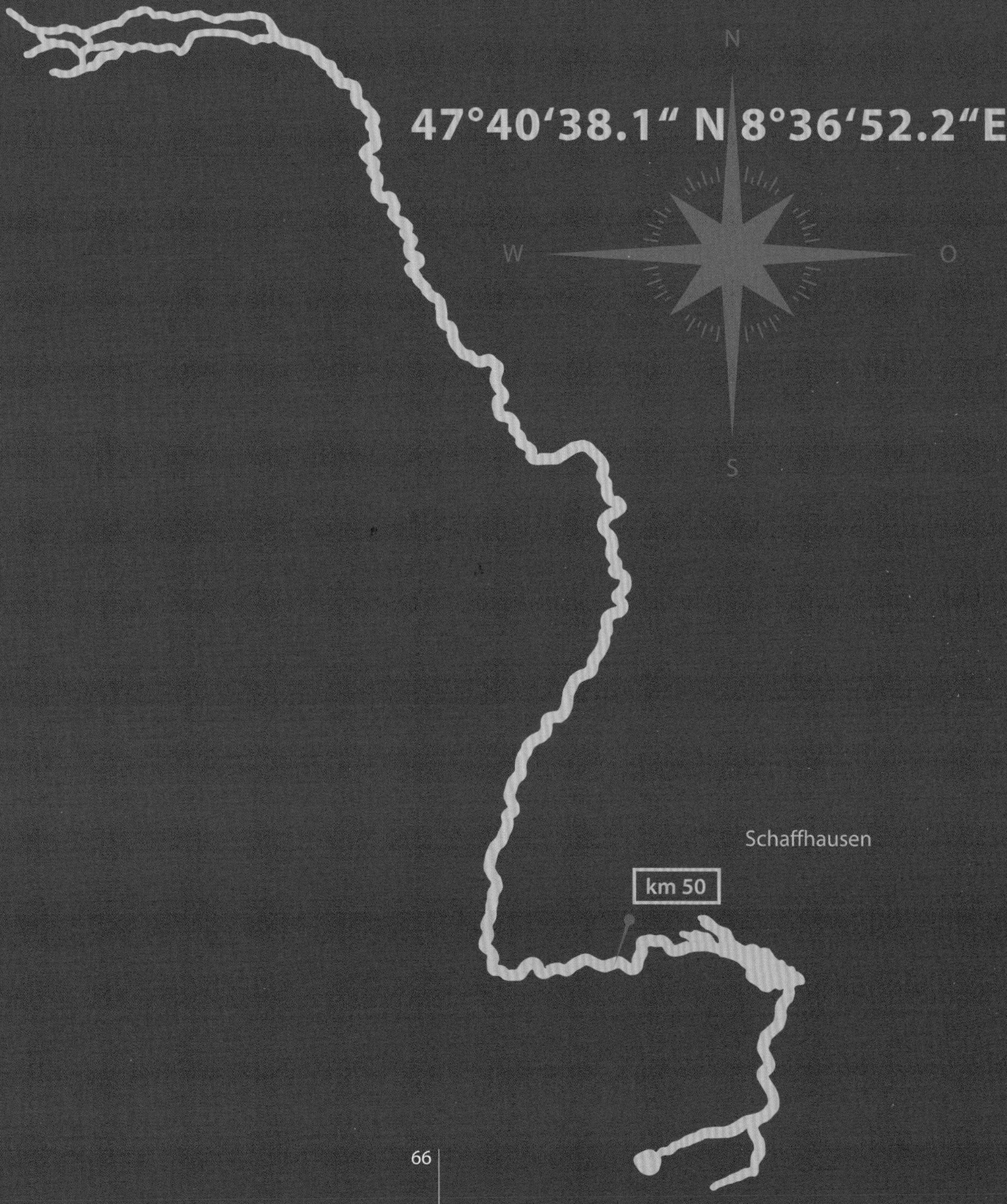
N
47°40‘38.1“ N 8°36‘52.2“E
W
O
S
Schaffhausen
km 50

Marckolsheim

Marckolsheim, in der Region Elsass gelegen, liegt etwa sechs Kilometer westlich vom Rhein entfernt, der an dieser Stelle die Grenze zwischen Frankreich und Deutschland bildet. Hier befindet sich eine Schleuse des Rheinseitenkanals, durch die jährlich etwa 20.000 Schiffe passieren, sowie das angrenzende Wasserkraftwerk der Électricité de France, das seit 1961 mehr als 800 Millionen Kilowattstunden an elektrischer Energie erzeugt.

ELECTRICITE DE FRANCE
DANGER
IL EST INTERDIT
DE FUMER

48°9‘1.32“ N 7°35‘25.66“ E
N
W
O
S
km 227
Marckolsheim

Lady Anne

48°9‘1.62“ N 7°35‘24.68“ E
N
W
O
S
km 227
Marckolsheim

www.rivercruiseline.co.uk
Lady Anne

48°9‘2.18“ N 7°35‘24.36“ E
N
W
O
S
km 227
Marckolsheim

www.bfs-in.o.de

48°12‘48.01“ N 7°39‘25.69“ E

Weisweil

Weisweil, im Landkreis Emmendingen in Baden-Württemberg, liegt wenige Kilometer nördlich des Kaiserstuhls und in der Oberrheinebene mit zahlreichen Armen des Altrheins. Rheinwälder und -auen wurden hier zum Naturschutzgebiet Rheinniederung Wyhl-Weisweil erklärt. Durch den Bau eines Wasserkraftwerks und den Grand Canal d‘Alsace, der in Höhe Weisweils auf der französischen Rheinseite abzweigt, entstand eine Staustufe mit einer Ausbreitung des Rhein-Hauptarms auf einer Breite von etwa 600 Metern. Dort hat sich ein beliebtes Wassersportgebiet mit Sport- und Yachthafen entwickelt.

8

48°12‘52.10“ N 7°39‘33.68“ E
N
W
O
S
km 249
Weisweil

249

48°13‘3.83“ N 7°39‘32.64“ E
N
W
O
S
km 249
Weisweil

PASSE N°5

Friesenheim

Friesenheim, in der Region Elsass gelegen, wird vom Rhein-Rhône-Kanal durchquert. Auch hier bildet der Rhein die Grenze zwischen Frankreich und Deutschland.

Rheinau

Rheinau liegt direkt am Rhein an der deutsch-französischen Grenze in der oberrheinischen Tiefebene. Bei Rheinkilometer 261,07 verkehrt die Fähre Rhénanus und verbindet Rheinau so mit der am Rhein gegenüberliegenden französischen Gemeinde. Die Fähre hat Platz für 27 Kraftfahrzeuge und befördert täglich mehr als 4.000 Personen.

RADFAHRER
ABSTEIGEN
CYCLISTES
PIEDS À TERRE

48°18‘39.64“ N 7°42‘46.53“ E
N
W
O
S
km 258
Rheinau

48°31'27.57" N 7°48'17.42" E

Ile du Rohrschollen

Ile du Rohrschollen (Insel Rohrschollen), südlich von Straßburg gelegen, ist ein Projekt mit dem Ziel der Renaturierung der Rheinauenwälder mit ihrer Üppigkeit von Pflanzenwelt und Artenreichtum. Dies soll durch den Bau einer Wasserzuleitung im Süden der Insel geschehen, die es ermöglicht, einen dynamischen Hochwasserabfluss entsprechend dem des ursprünglichen Rheins wiederherzustellen.

48°31'25.24" N 7°48'17.38" E
N
W
O
S
km 283
Ile du Rohrschollen

48°31‘25.97“ N 7°48‘17.13“ E
N
W
O
S
km 283
Ile du Rohrschollen

ATTENTION DANGER
Il est dangereux de s'aventurer dans le lit du Rhin ou sur les îles et bancs de gravier, l'eau pouvant monter brusquement et à tout moment par suite du fonctionnement des usines hydro-électriques et des barrages
DANGER!
ACHTUNG, GEFAHR !
RASCH ANSTEIGENDES
HOCHWASSER MÖGLICH
DANGER !

48°31‘22.17“ N 7°48‘2.35“ E
N
W
O
S
km 283
Ile du Rohrschollen

Loreley

Die Loreley ist ein 132 Meter hoher Schieferfelsen bei St. Goarshausen, der sich am rechten Rheinufer dem Strom in den Weg stellt. Der Sage nach saß eine Nixe auf diesem Felsen, kämmte dort ihre langen, goldenen Haare und zog die Schiffer mit ihrem Gesang an. Diese achteten trotz gefährlicher Strömung nur noch auf die schöne Nixe, sodass ihre Schiffe an den Felsen zerschellten und untergingen. Tatsächlich kenterten viele Schiffe an Felsen oder in Strudeln. Die gefährlichen Felsen in der Fahrrinne wurden vor etwa 80 Jahren gesprengt.

LORELEY
NIVOMA
MAASSLUIS
LEMAIRE
TRANSPORTE
KOBLENZ

50°8‘17“ N 7°43‘32“ E
N
W
O
S
km 555
Loreley

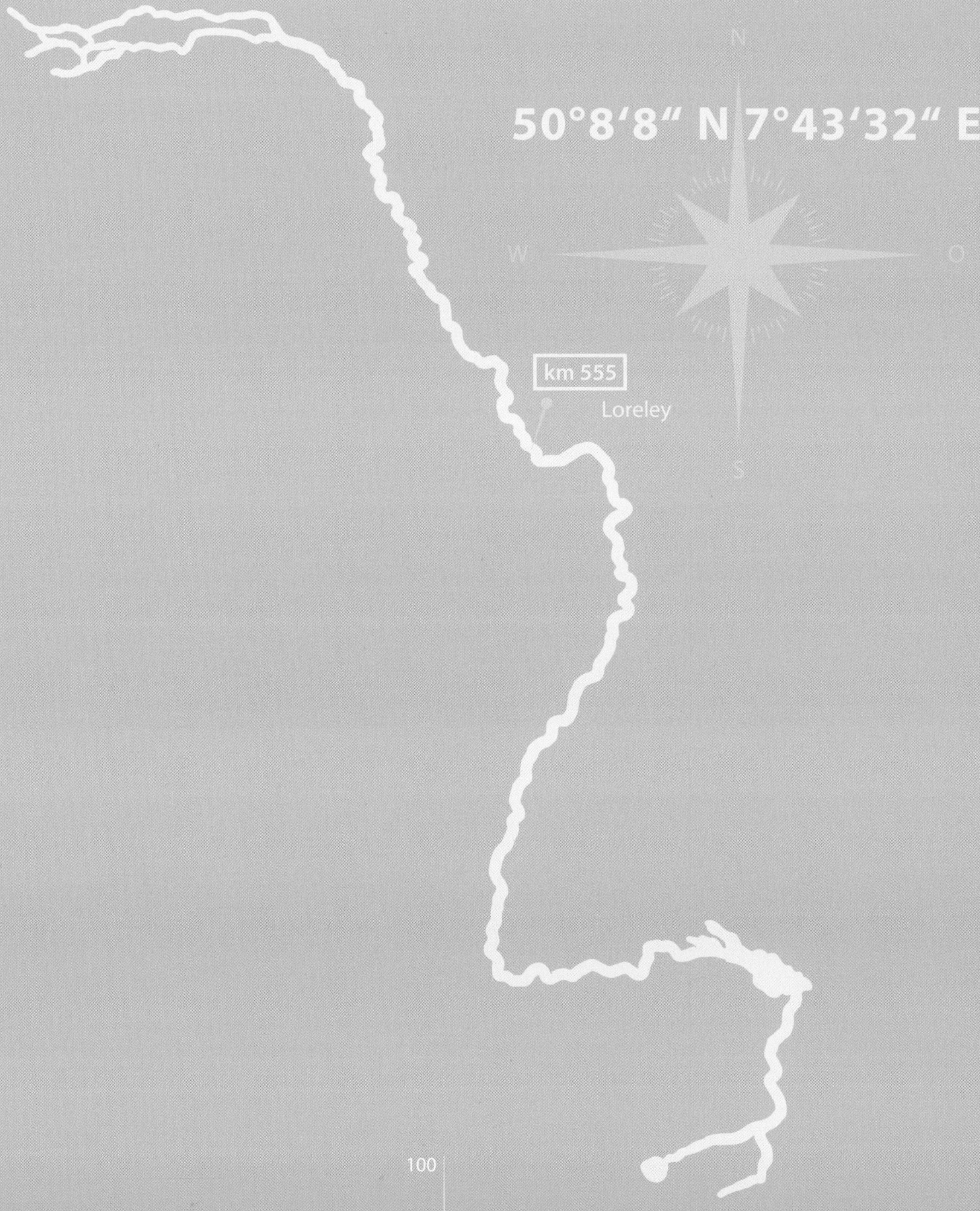

50°8‘8“ N 7°43‘32“ E
N
W
O
S
km 555
Loreley

50°8‘8“ N 7°43‘32“ E
N
W
O
S
km 555
Loreley

Niederdollendorf

Niederdollendorf ist ein Stadtteil von Königswinter und liegt am rechten Rheinufer, gegenüber dem Bonner Stadtbezirk Bad Godesberg. Was hier wie eine Fata Morgana aussieht, ist in Wirklichkeit kein echter Wal, sondern die MS Moby Dick, ein Personenschiff, das hauptsächlich auf der Rheinstrecke zwischen Bonn und Koblenz verkehrt.

Bonn

Die ehemalige Bundeshauptstadt liegt an beiden Ufern des Rheins und zählt zu den bedeutendsten deutschen Universitätsstädten. Am Übergang vom Mittelrheingebiet zur Niederrheinischen Bucht wird Bonn im Süden und Westen von den Ausläufern der Eifel umschlossen und öffnet sich nördlich mit dem Rheintal der Kölner Bucht. Im Osten und Südosten befindet sich das Siebengebirge als natürliche Grenze.

HERCULES

50°44'2" N 7°6'32" E

50°43‘54“ N 7°6‘35“ E
N
W
O
S
km 655
Bonn

Bonner Personen Schiffahrt

Köln

Köln ist mit mehr als einer Million Einwohnern die größte am Rhein gelegene Stadt. Bekannt ist sie vor allem für ihre vielfältige Geschichte und ihr kulturelles und architektonisches Erbe, den Kölner Dom. Die günstige Lage am Rhein, die Verbindung bedeutender Handelsstraßen und der Sitz weltlicher und kirchlicher Macht trugen zur überregionalen Bedeutung Kölns bei. Vielfach war Köln von Hochwassern des Rheins betroffen. Das schlimmste aufgezeichnete Hochwasser ereignete sich 1784 nach einem extrem langen und kalten Winter. Die Schneeschmelze sowie das aufbrechende Eis des zugefrorenen Rheins sorgten für einen Rekordpegel. Die Fluten, auf denen schwere Eisschollen trieben, verwüsteten weite Teile der Uferbebauung und Schiffe.

50°55'13" N 6°58'53" E
N
W
O
S
km 688
Köln

50°57‘40“ N 6°59‘44“ E
km 688
Köln
N
W
O
S

50°55‘29“ N 6°58‘38“ E
N
W
O
S
km 688
Köln

FIDENTE

50°56‘28“ N 6°57‘46“ E
km 688
Köln
N
W
O
S

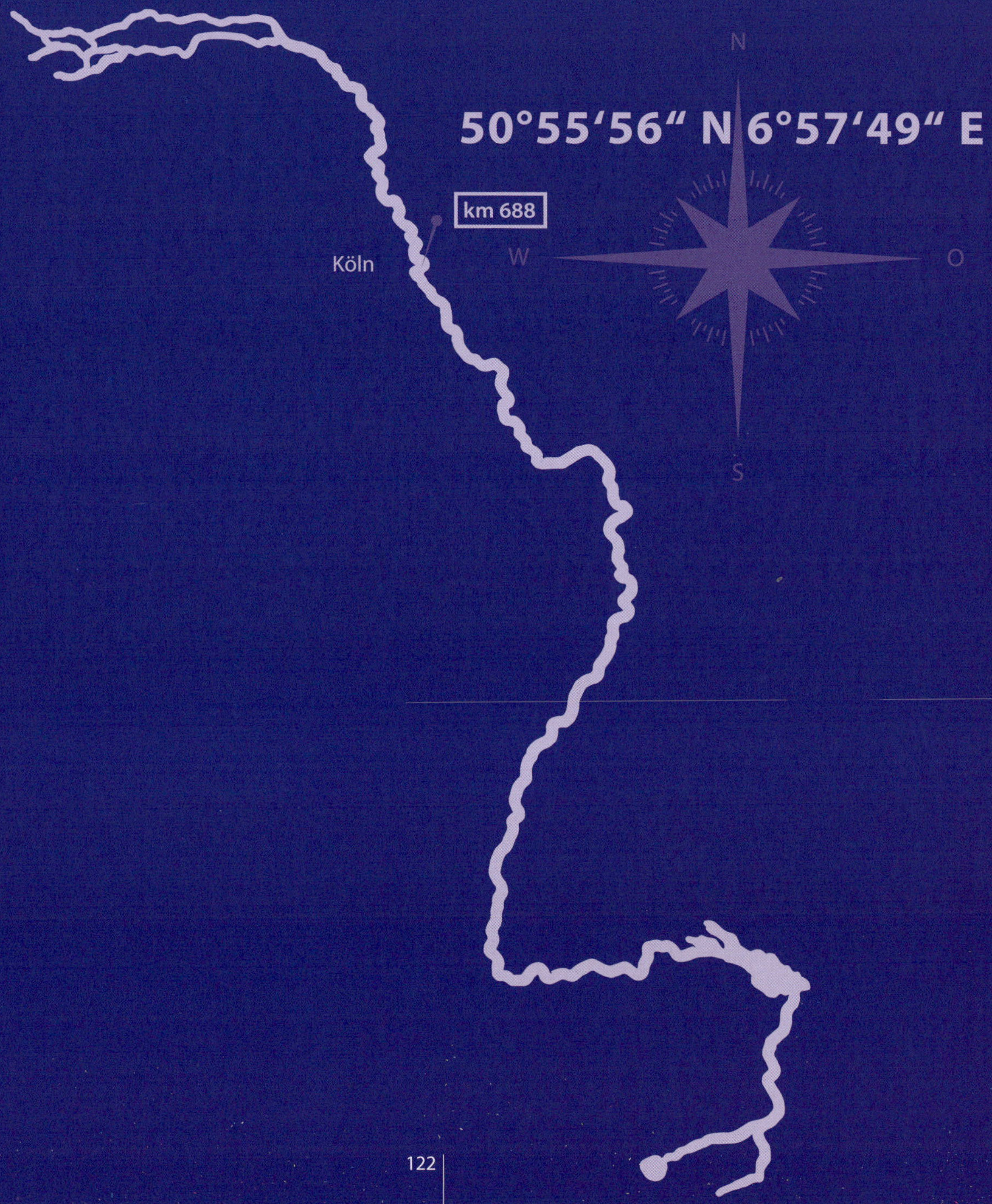
50°55‘56“ N 6°57‘49“ E
km 688
Köln
N
W
O
S

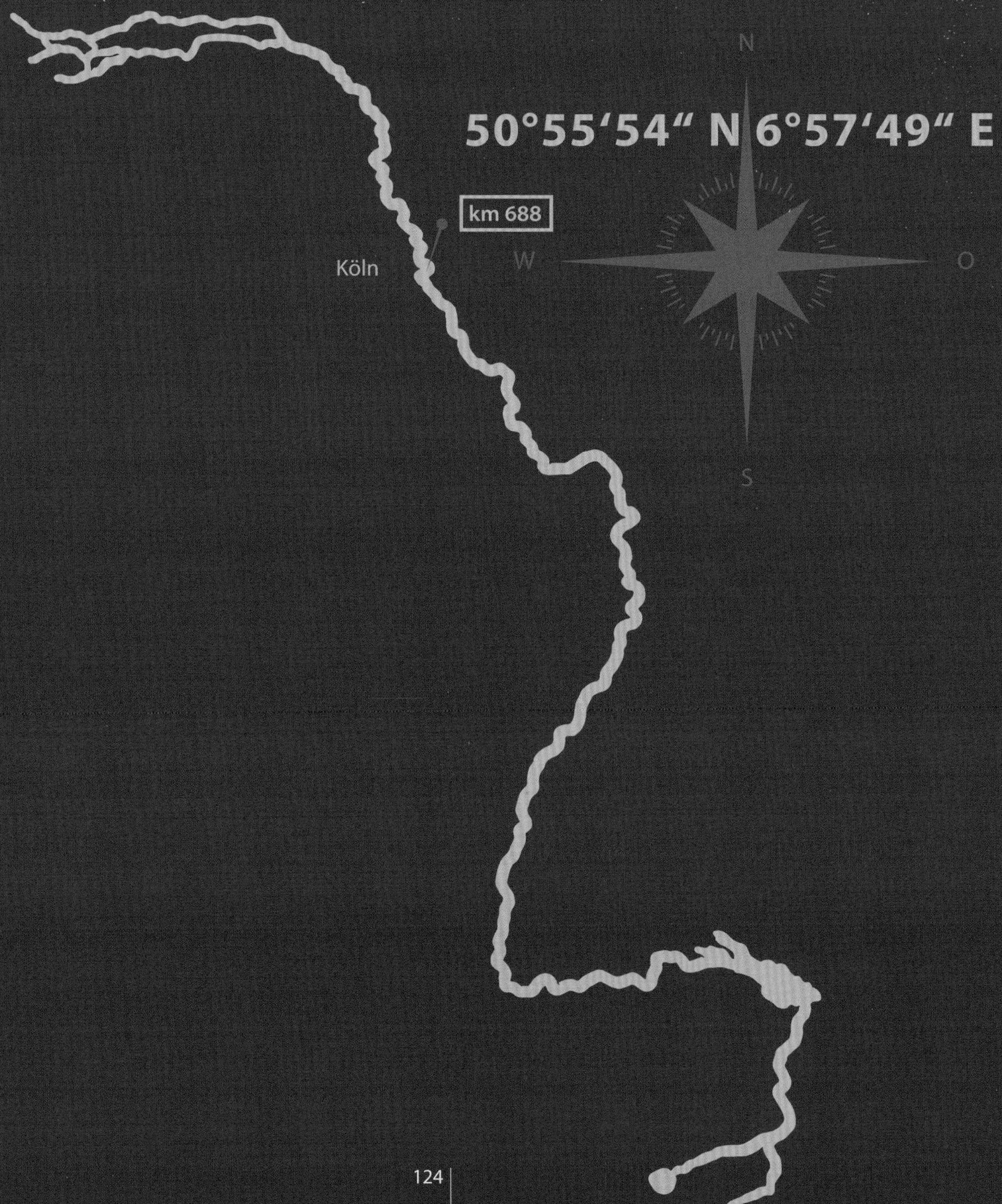
50°55‘54“ N 6°57‘49“ E
km 688
Köln
N
W
O
S

bauwens

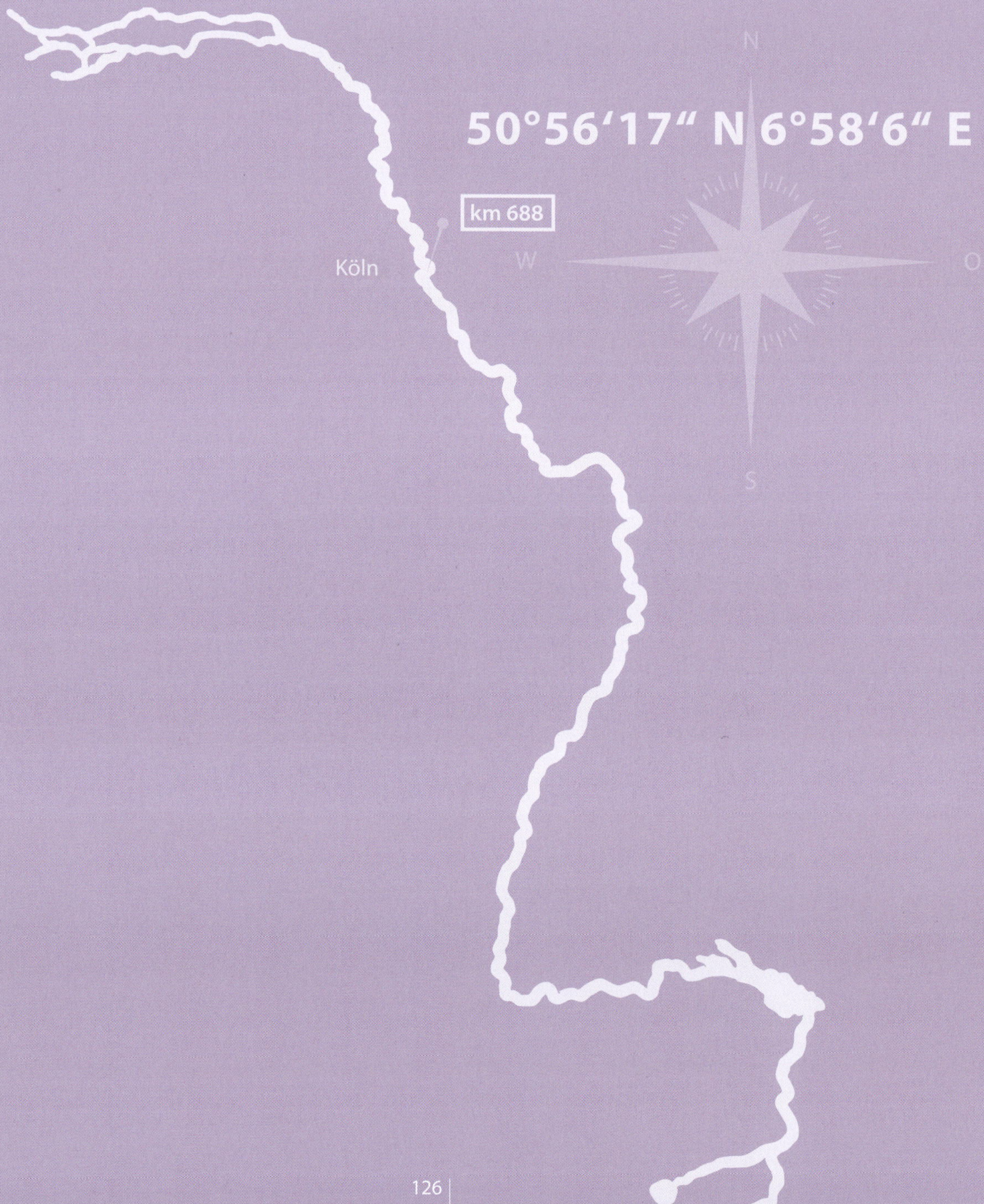

50°56‘17“ N 6°58‘6“ E
km 688
Köln
N
W
O
S

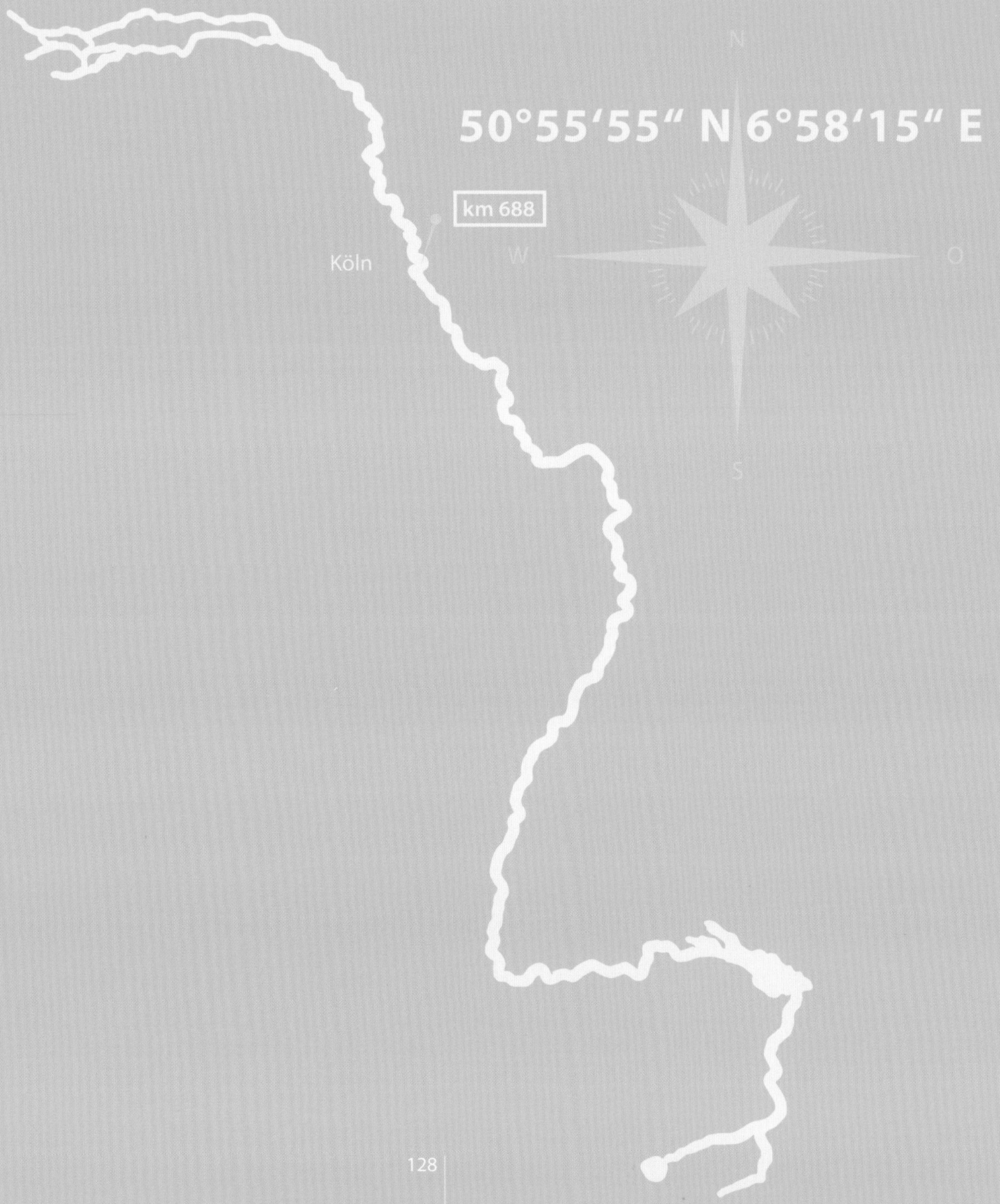
50°55‘55“ N 6°58‘15“ E
km 688
Köln
N
W
O
S

AVONDSTER

50°58‘48“ N 6°58‘22“ E
N
km 688
Köln
W
O
S

02332317
ODEON
MERTERT

50°59'7" N 6°58'5" E
N
W
O
S
km 688
Köln

RENATE

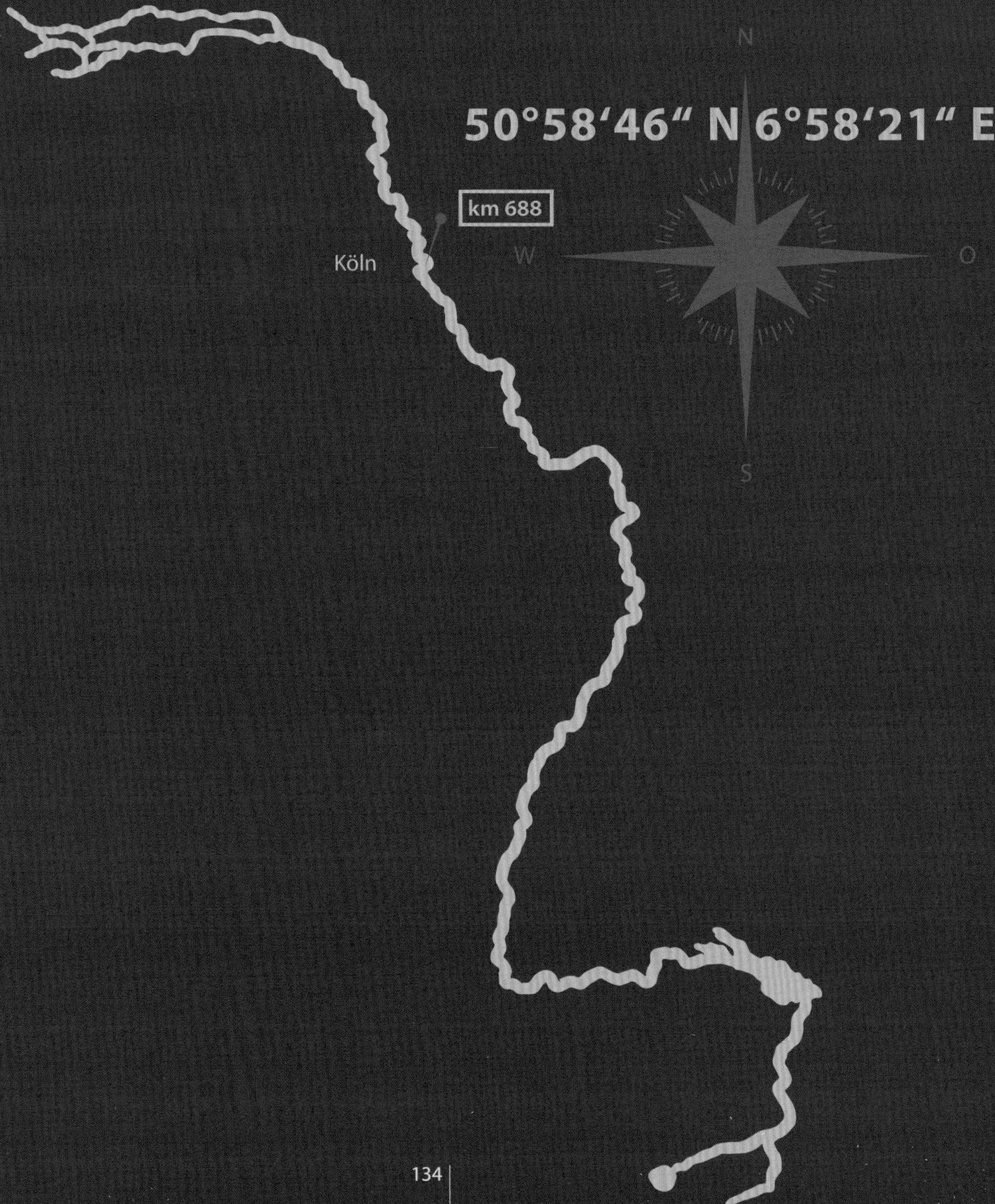
50°58‘46“ N 6°58‘21“ E
N
W
O
S
km 688
Köln

AEGIR

Düsseldorf

Düsseldorf ist die Landeshauptstadt Nordrhein-Westfalens. In den 1990er Jahren begann der Umbau des sogenannten Medienhafens mit architektonisch imposanten Gebäuden, in denen sich zahlreiche Unternehmen aus der Medien- und Werbebranche angesiedelt haben, ebenso Mode- und Designerbetriebe mit großflächigen Ausstellungsräumen. Restaurants, ein Multiplex-Kino, eine Großraumdiskothek und diverse Clubs sorgen für ein reges Nachtleben.

51°12‘57“ N 6°45‘20“ E
N
W
O
S
km 743
Düsseldorf

Duisburg

Duisburg ist eine kreisfreie Stadt, liegt an der Rheinmündung der Ruhr und gehört der Region Niederrhein und dem Ruhrgebiet an. Im 19. Jahrhundert wuchs Duisburg wegen der günstigen Lage entlang des Rheins zu einem bedeutenden Industriestandort. Der Hafen Duisburg gilt als der größte Binnenhafen der Welt und prägt so neben der Eisen- und Stahlindustrie das Stadtbild.

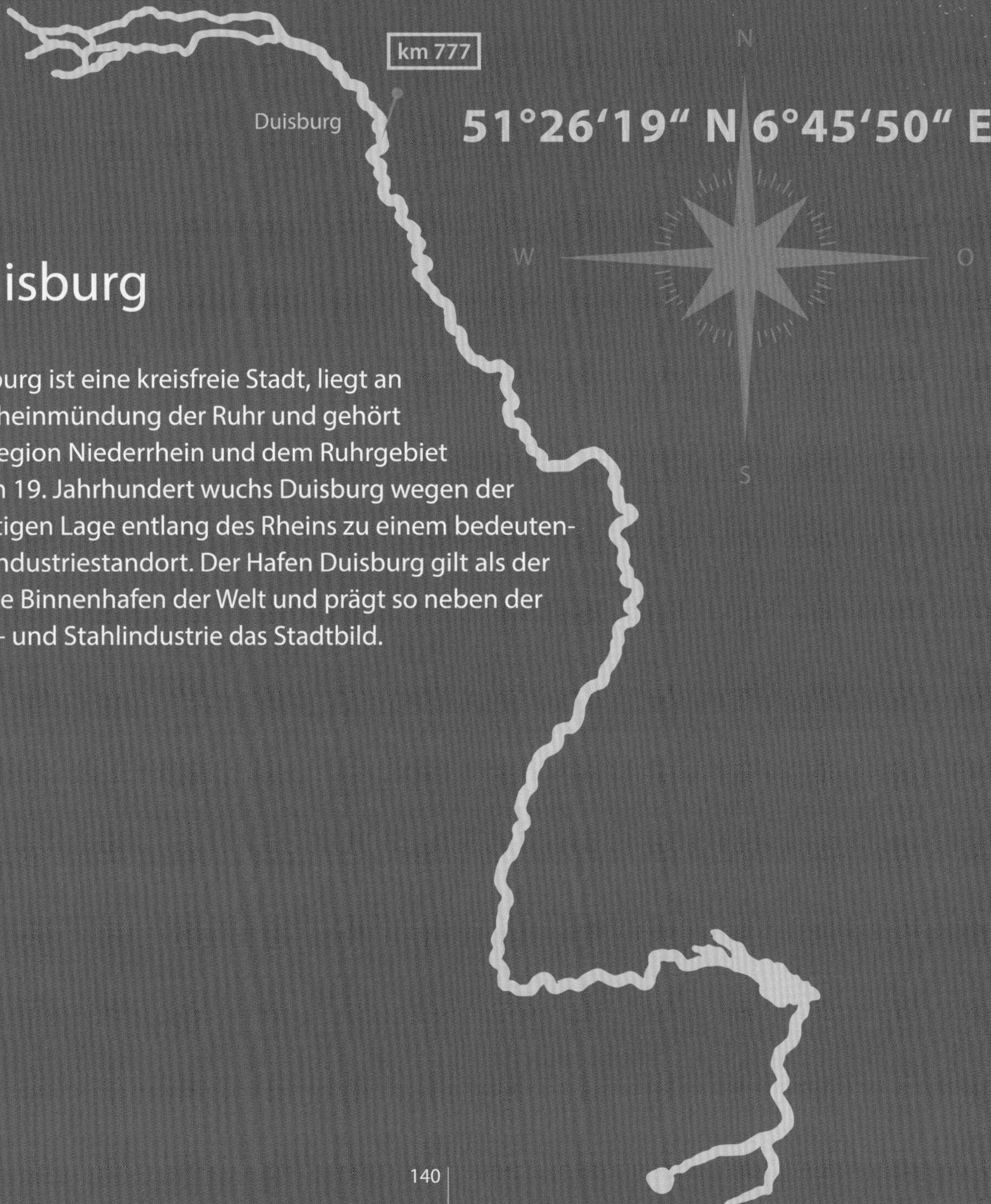

▽ UK + 10,30 m RP
MARINA

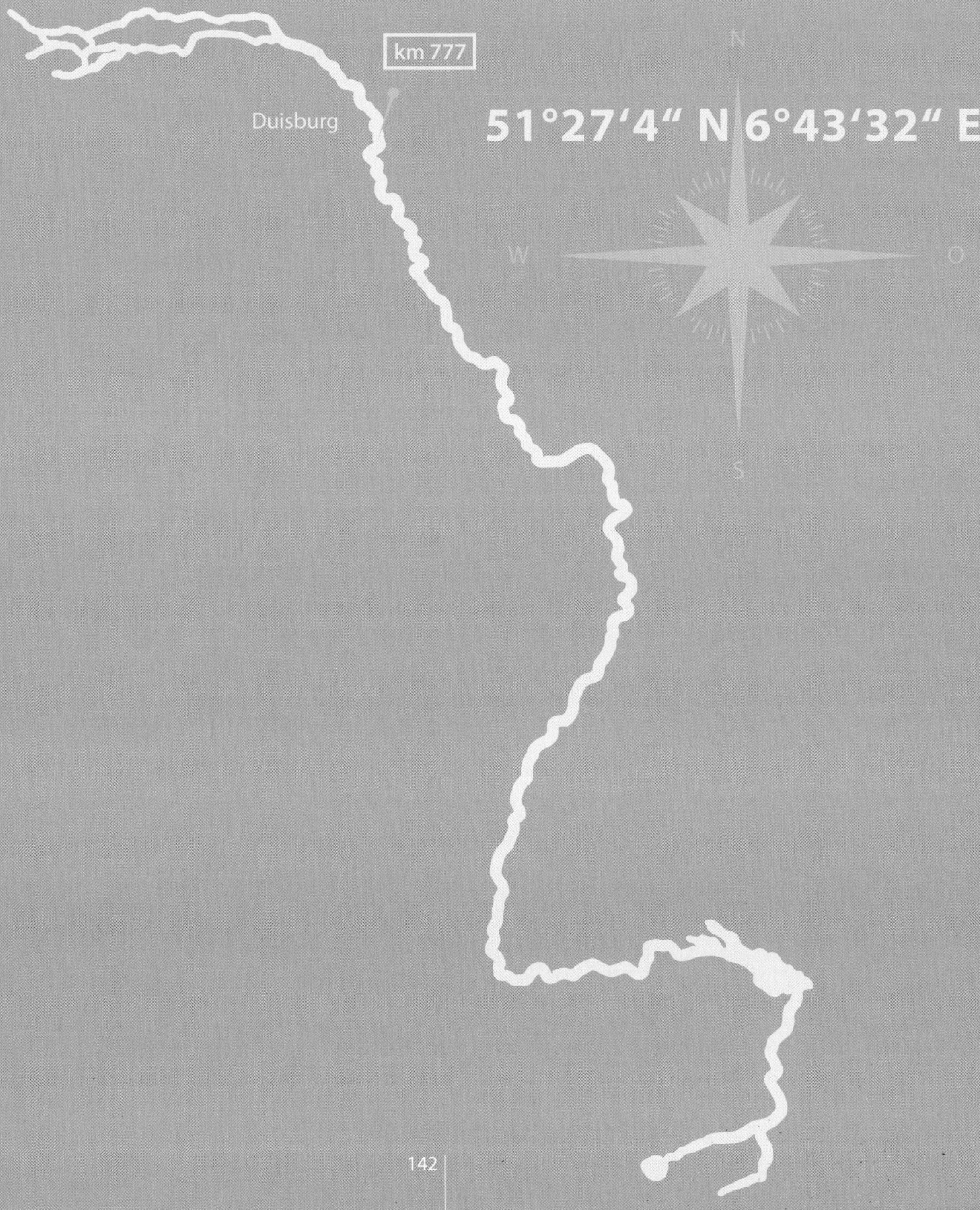

km 777
Duisburg
51°27‘4“ N 6°43‘32“ E
N
W
O
S

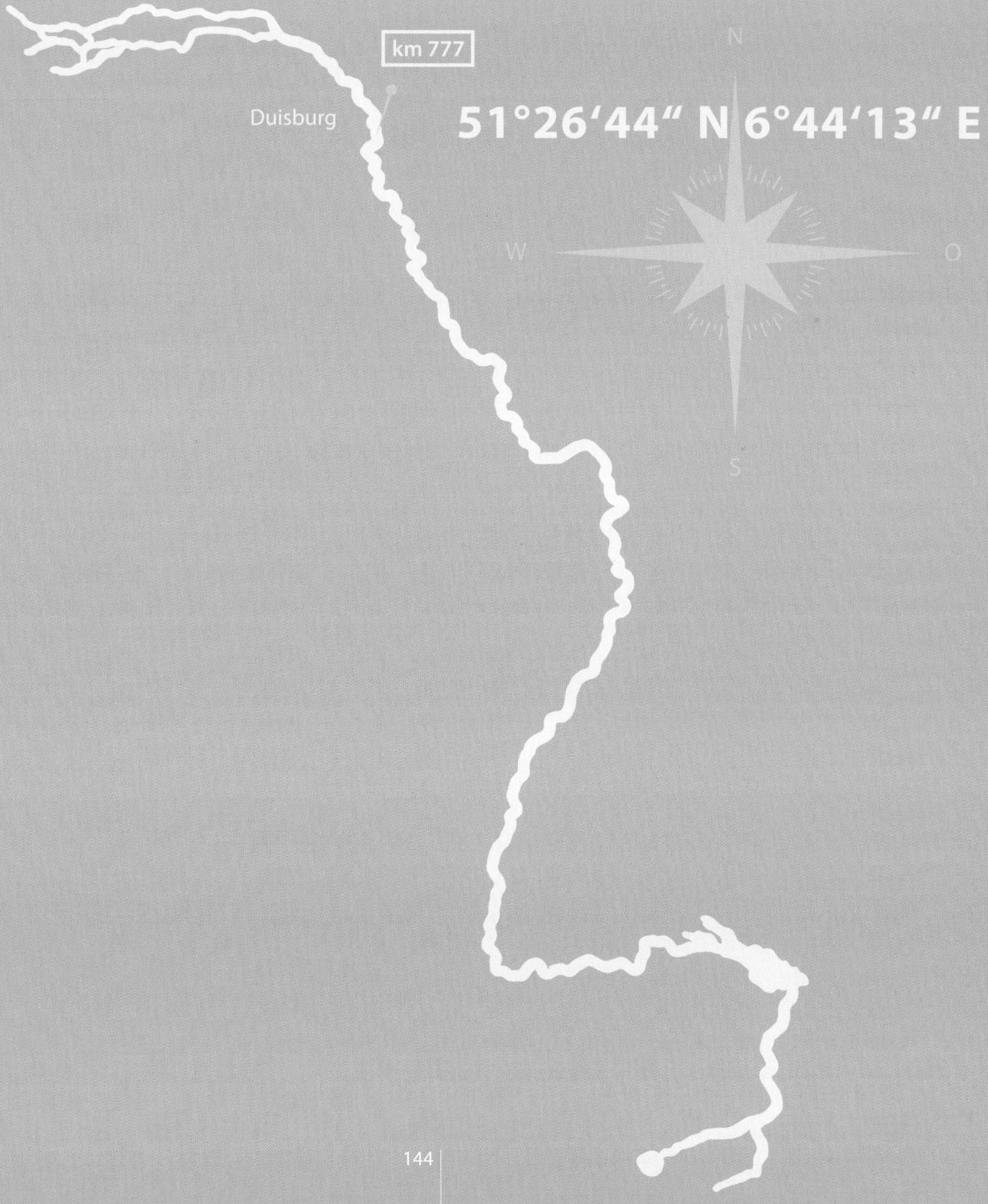

51°26'44" N 6°44'13" E

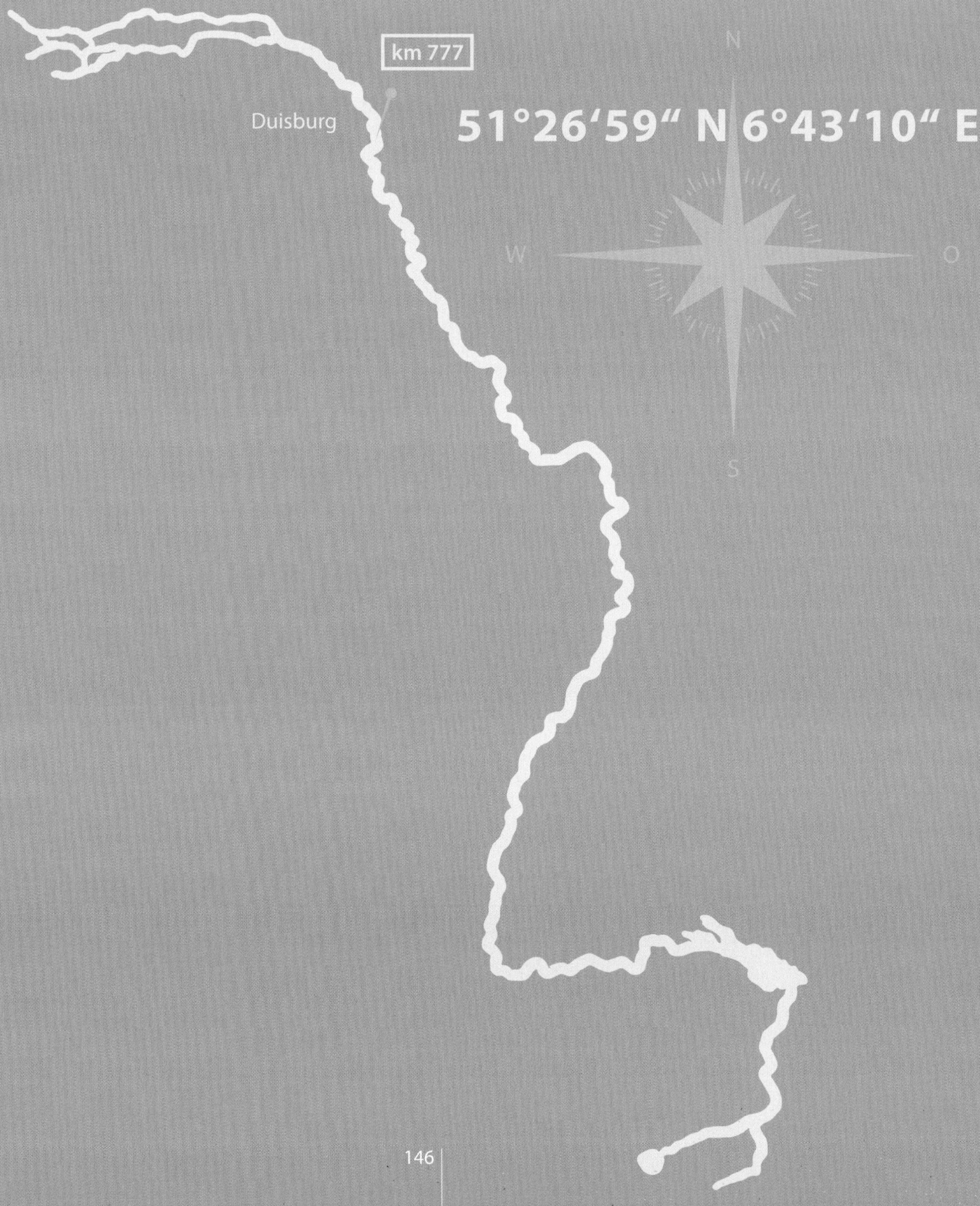
km 777
Duisburg
51°26‘59“ N 6°43‘10“ E
N
W
O
S

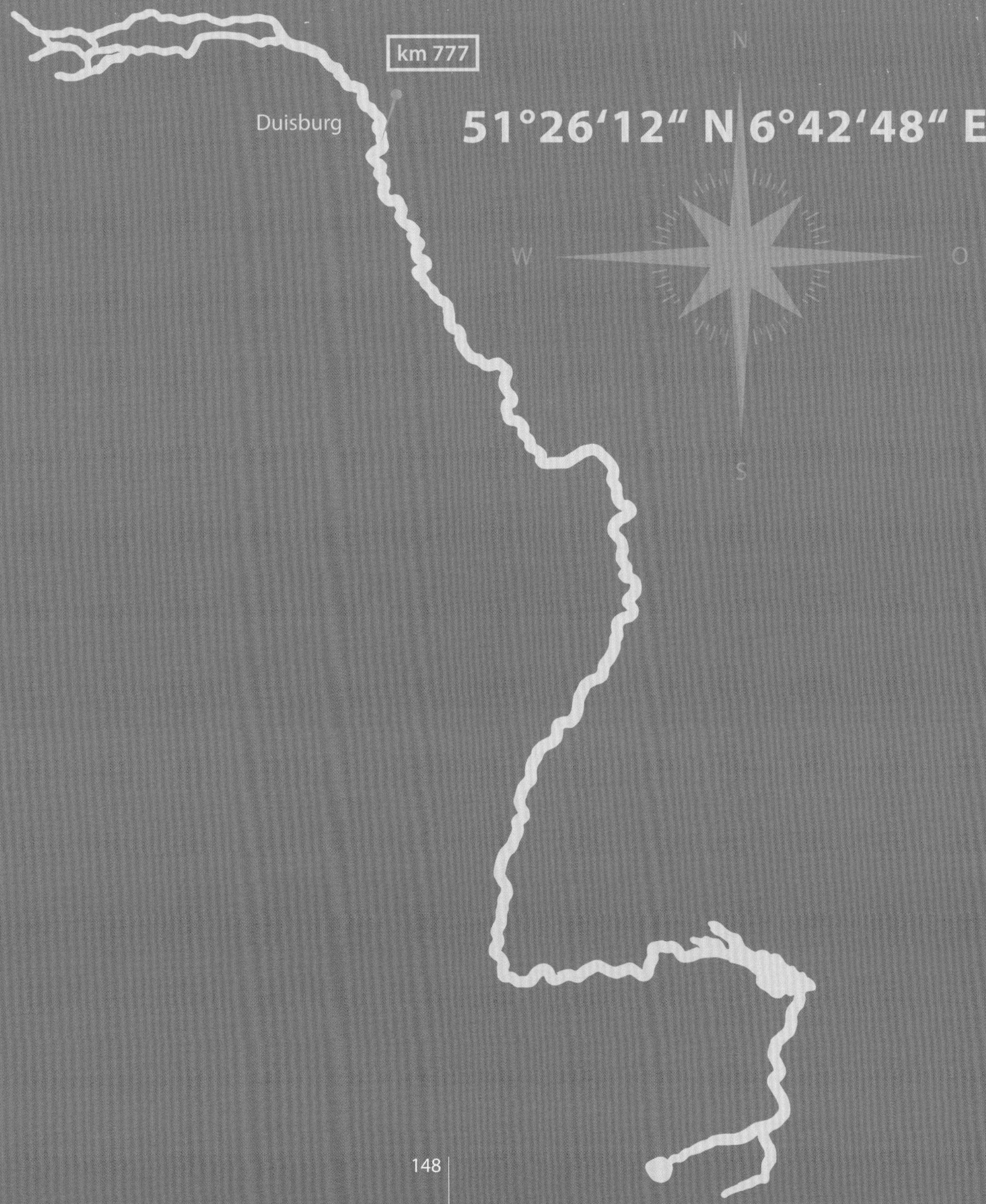
km 777
Duisburg
51°26‘12“ N 6°42‘48“ E
N
W
O
S

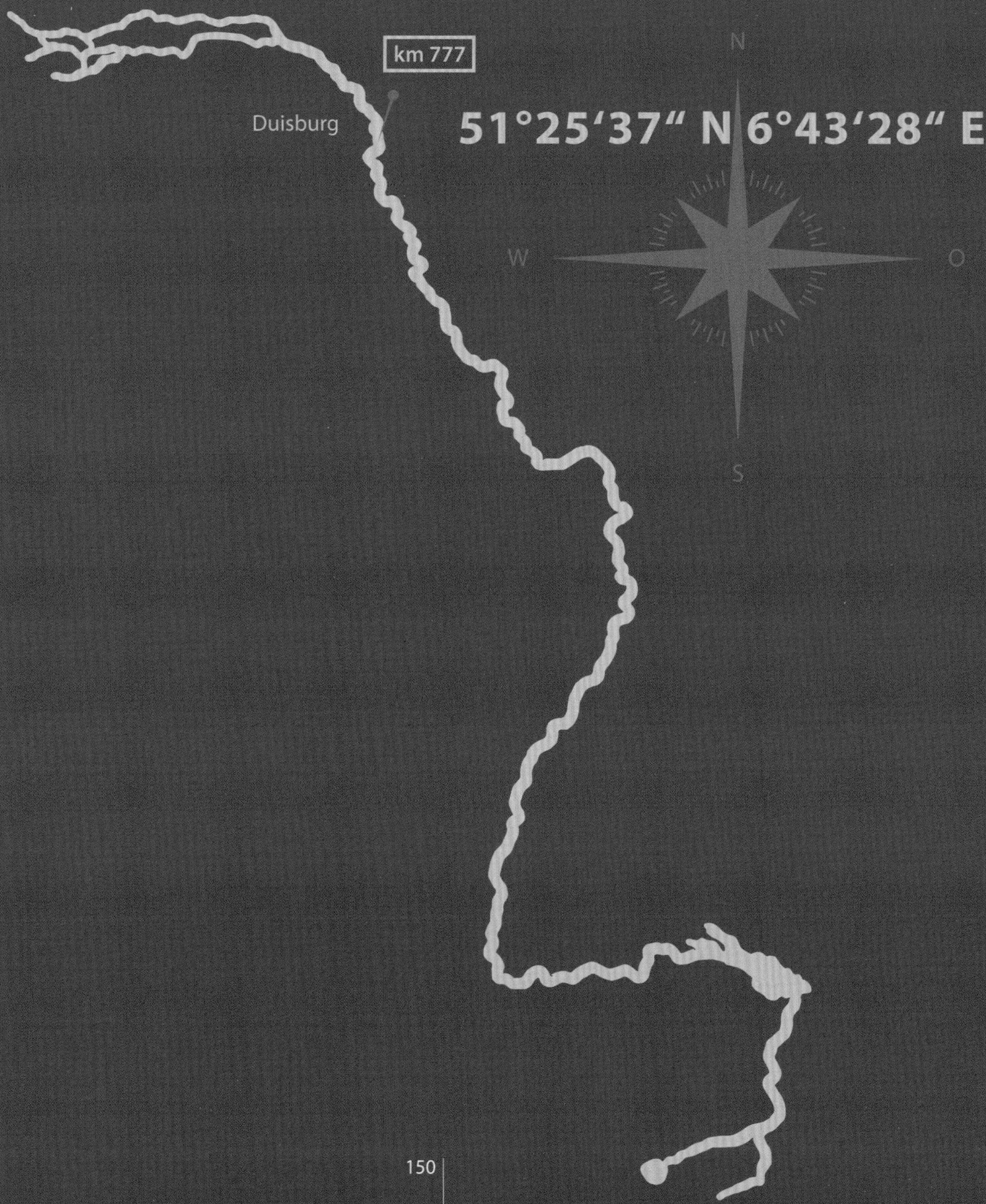
km 777
Duisburg
51°25‘37“ N 6°43‘28“ E
N
W
O
S

ANNA

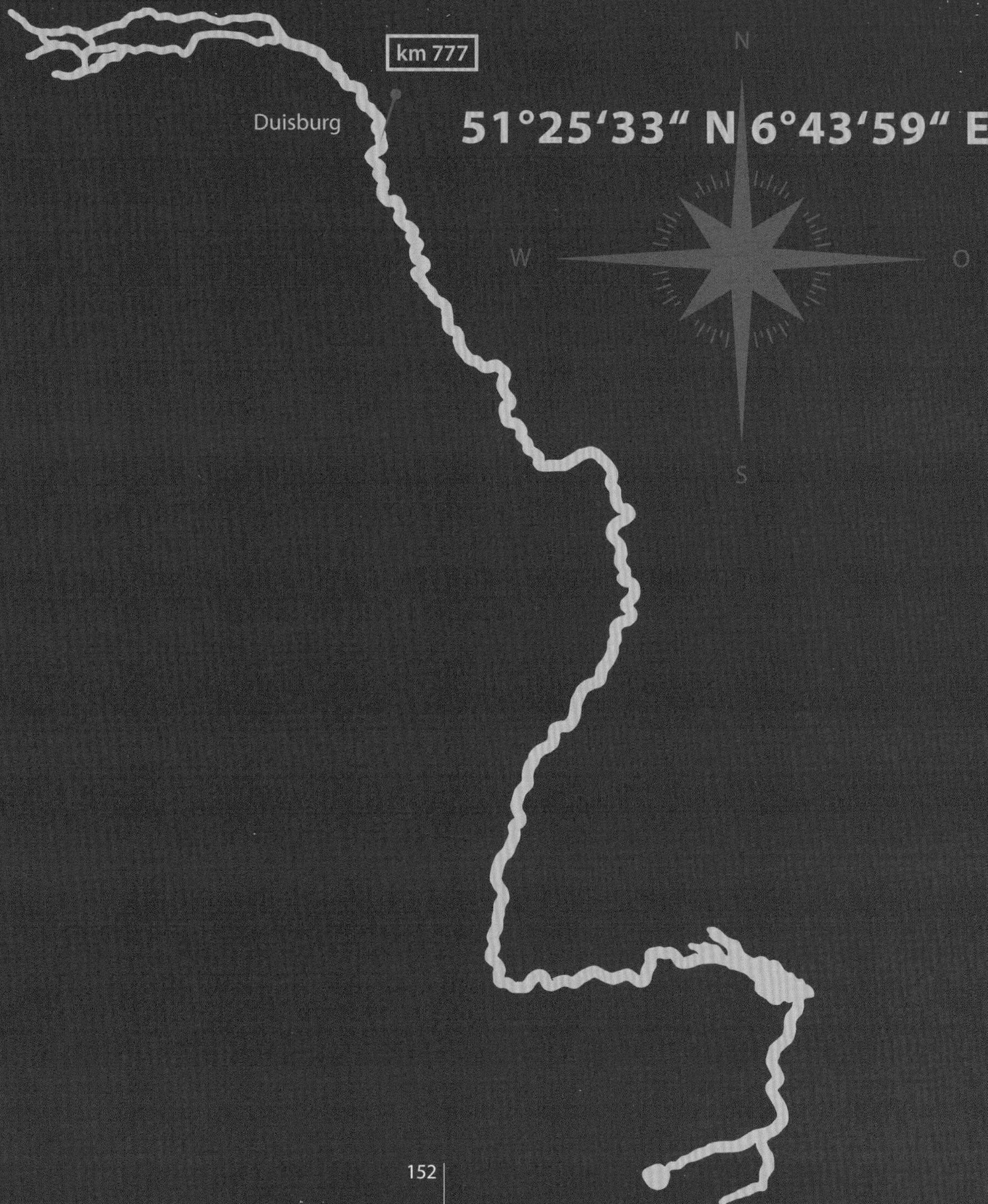
km 777
Duisburg
51°25‘33“ N 6°43‘59“ E
N
W
O
S

PILSEN
KLAIPEDA
RUMI
EMS-FOREVER
ОЛЕГ 2004

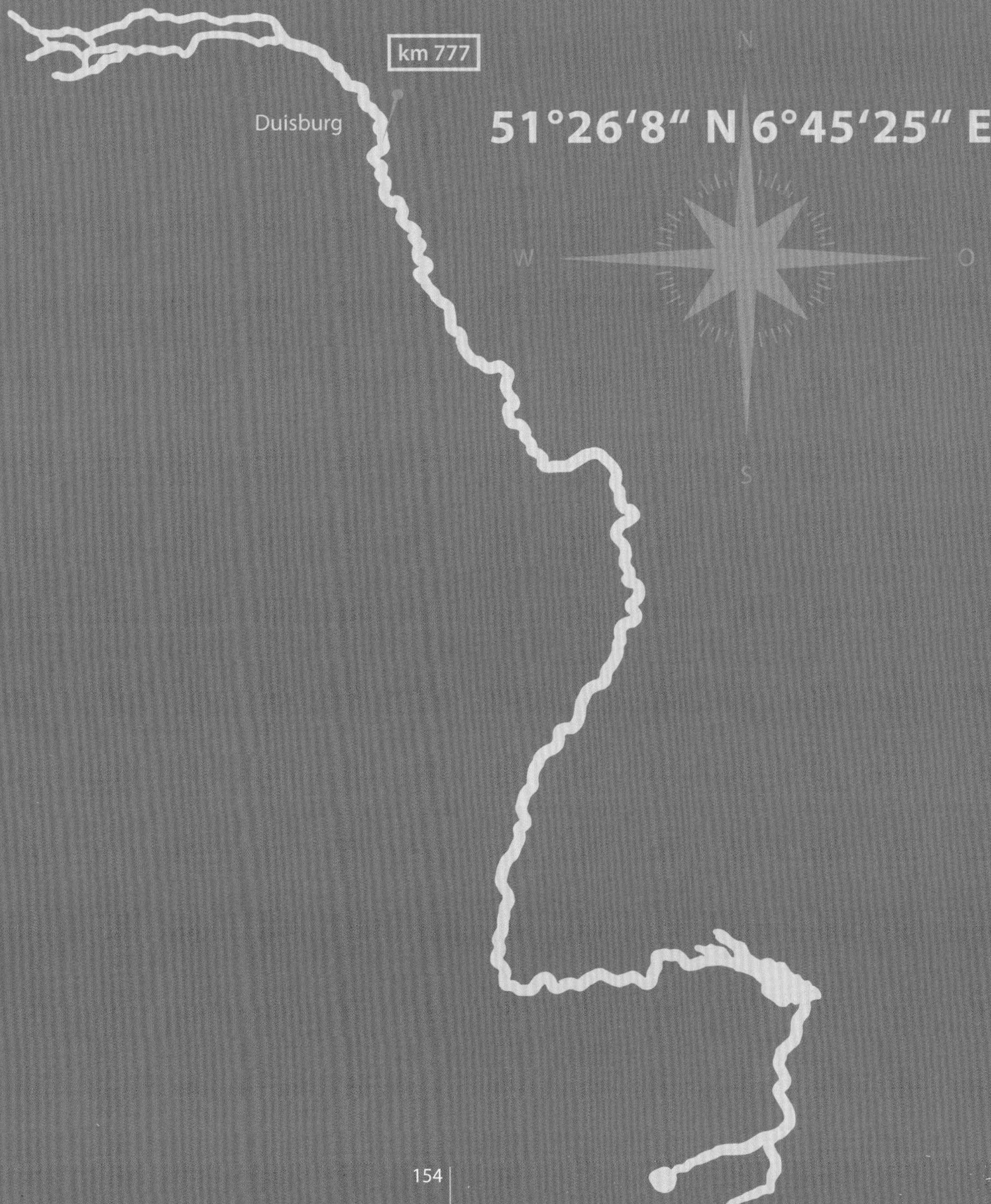

km 777
Duisburg
51°26‘8“ N 6°45‘25“ E
N
W
O
S

km 777
Duisburg
51°26‘9“ N 6°45‘25“ E
N
W
O
S

LEHNKERING
LEHNKERING 7

51°58‘31“ N 5°54‘43“ E

Arnhem

Arnhem ist eine der größten Städte in den Niederlanden am Rhein. Arnhem liegt am Nederrijn, einem Abschnitt des Rheins, der sich in unterschiedliche Rheinarme aufteilt – das Rhein-Maas-Delta. Hier werden der Nederrijn und die Waal, der spätere Lek, entstehen. Im Zweiten Weltkrieg versuchten die alliierten Streitkräfte, die Brücke von Arnhem über den Rhein zu erobern. In einem ihrer letzten siegreichen Kämpfe konnte die Wehrmacht die Schlacht für sich entscheiden, wobei die Stadt schwer beschädigt wurde. Nach der Schlacht zwang die Wehrmacht die Einwohner, die Stadt zu verlassen.

Arnhem
km 880
51°58‘25“ N 5°54‘38“ E
N
W
O
S

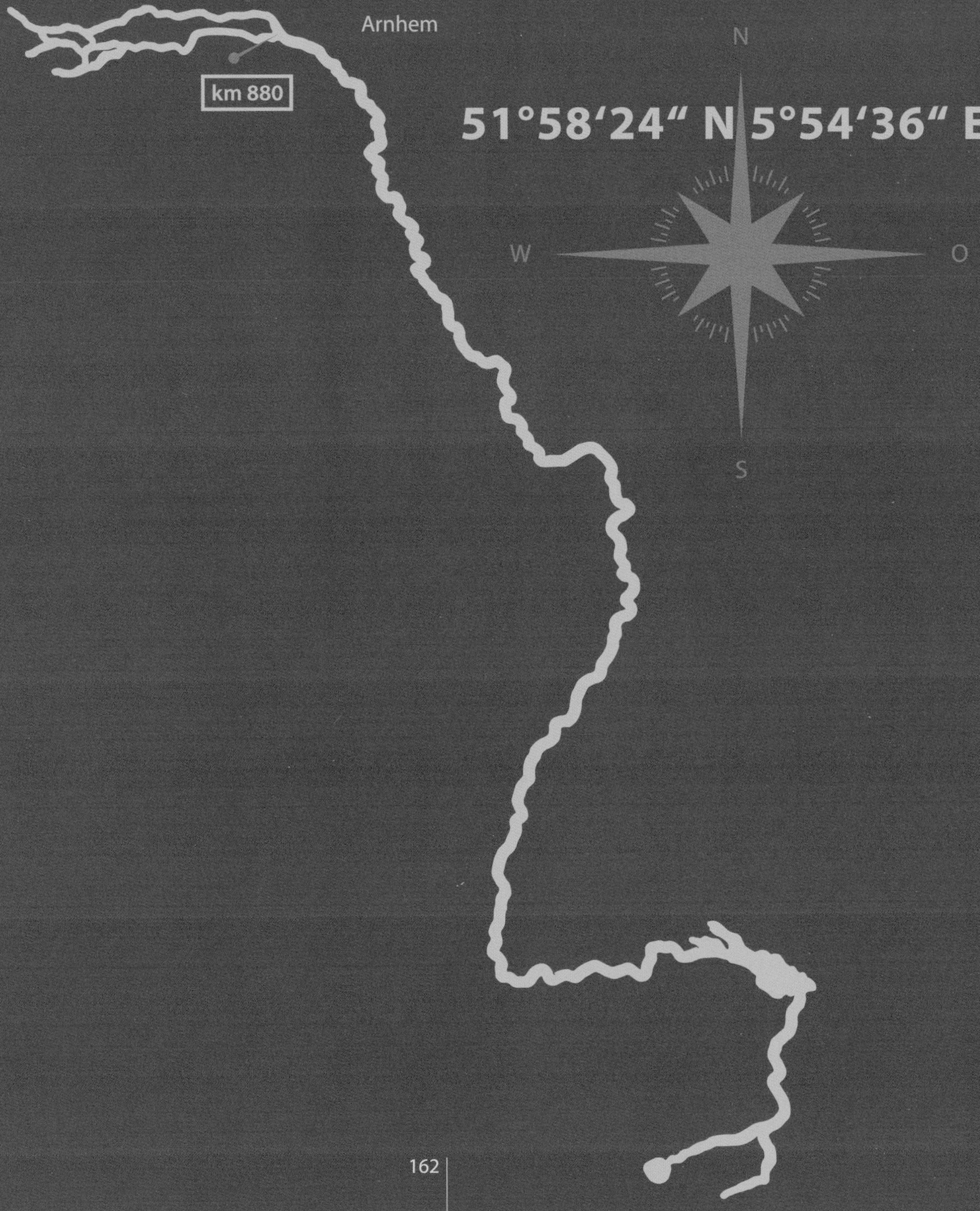

51°58‘24“ N 5°54‘36“ E

51°58‘30“ N 5°54‘43“ E

51°59‘5“ N 4°6‘13“ E

Hoek van Holland

Als kleines Küstenstädtchen und Badeort hat sich Hoek van Holland (deutsch: Ecke von Holland) seinen Charakter bewahrt, obwohl es heute ein Stadtteil von Rotterdam ist. Hoek van Holland liegt an der Mündung des 1872 eröffneten Nieuwe Waterweg, der rund 20 Kilometer langen Wasserstraße, die die Nordsee mit dem Hafen Rotterdam verbindet. Hoek van Holland war und ist einer der wichtigsten Fährhäfen auf der Verbindung vom europäischen Festland nach Großbritannien. Hier mündet der Rhein in die Nordsee.

Hoek van
Holland 2
Pier -

km 1036
Hoek van Holland
51°58‘39“ N 4°7‘30“ E
N
W
O
S

18

km 1036
Hoek van Holland
51°58‘16“ N 4°6‘53“ E
N
W
O
S

km 1036
Hoek van Holland
51°58‘1“ N 4°2‘46“ E
N
W
O
S

SD SEAHORSE

km 1036
Hoek van Holland
51°58‘0“ N 4°2‘60“ E
N
W
O
S

JURA

km 1036
Hoek van Holland
51°58‘4“ N 4°5‘4“ E
N
W
O
S

MOL
HYUNDAI
HYUNDAI
HYUNDAI
Hapag-Lloyd

km 1036
Hoek van Holland
51°57'10" N 4°4'27" E
N
W
O
S

MATTERHORN SPIRIT

km 1036
Hoek van Holland
51°58‘2“ N 4°2‘42“ E
N
W
O
S

km 1036
Hoek van Holland
51°57‘23“ N 4°10‘7“ E
N
W
O
S

18

km 1036
Hoek van Holland
N
51°58‘1“ N 4°3‘1“ E
W
O
S

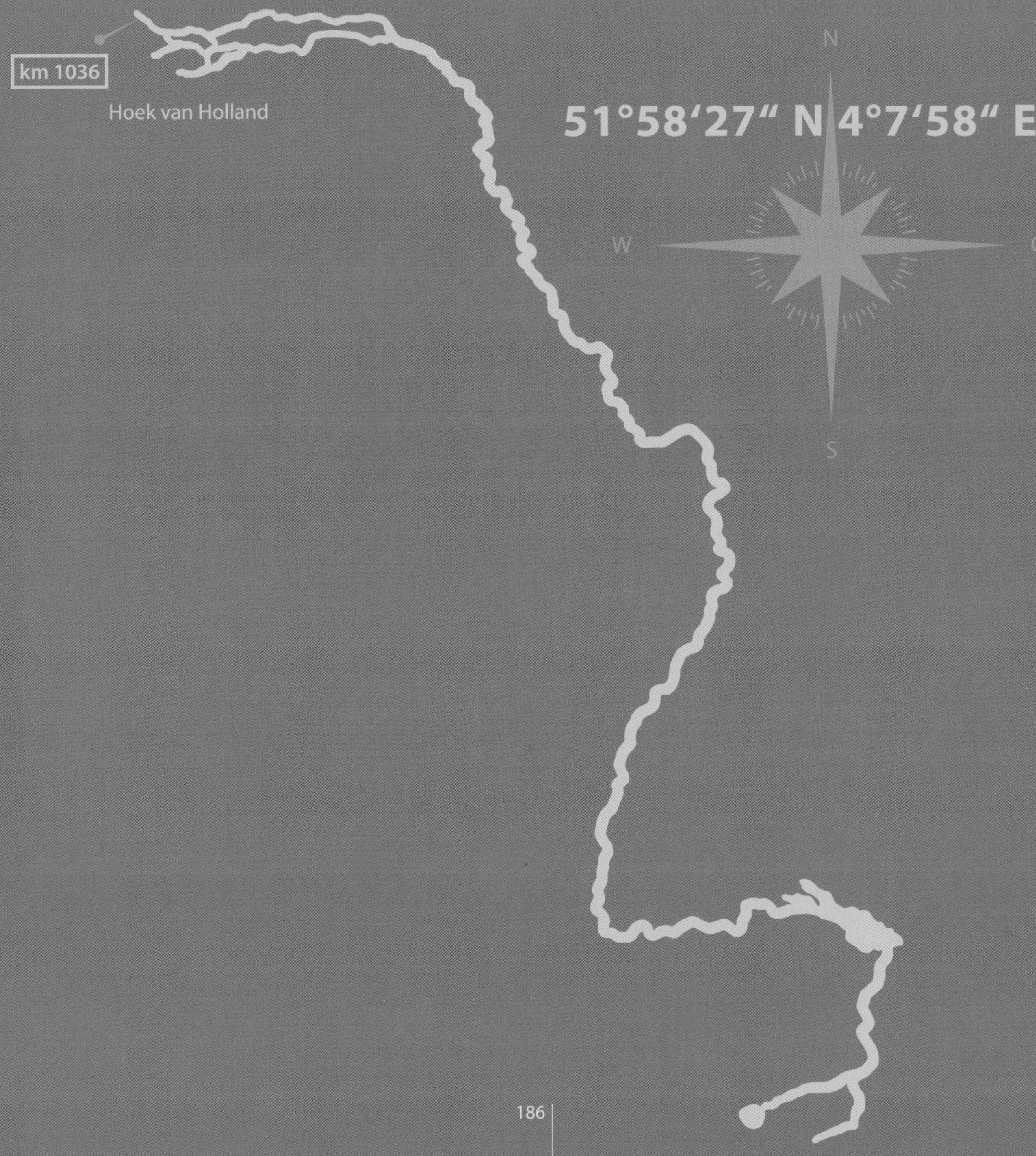
km 1036
Hoek van Holland
51°58‘27“ N 4°7‘58“ E
N
W
O
S

km 1036
Hoek van Holland
51°59'6" N 4°5'31" E
N
W
O
S

Joachim Rieger

Joachim Rieger ist ein echter *kölsche Jung*. 1962 in der Römerstadt geboren, lernte er den Beruf des Fotolaboranten. Im Laufe seiner Tätigkeiten als Laborleiter und freier Fotograf entwickelte er seinen eigenen Stil der subjektiven Fotografie, bei der er sich von den kleinen Wundern des Alltags, Begebenheiten, Details und Stimmungen inspirieren lässt. Joachim Rieger, aufgewachsen im Analog-Zeitalter, ist offen für die neuen Trends der Fotografie. So fotografierte er die Bilder für diesen Band ausschließlich mit seinem Smartphone.
www.fotografie-joachimrieger.de

fotoforum art edition

In der fotoforum art edition präsentiert der fotoforum Verlag ausgewählte Fotografen, Bildsprachen und Themen. Alle Bücher der Reihe sind individuell gestaltet und mit viel Liebe zum Detail produziert. Für die Bücher der fotoforum art edition kommen nur anspruchsvolle Materialien zum Einsatz, die das wundervolle Medium Fotobuch zu einem besonderen visuellen und haptischen Erlebnis machen.
www.fotoforum.de

Joachim Rieger

RHEIN AUF, RHEIN AB

1.238,8 km Wasser, Kraft und Leben

Für Stephanie, die beste Reiseführerin der Welt, ohne die ich jetzt noch auf der Suche nach den richtigen Wegen und die für uns besten Unterkünfte wäre.

1. Auflage, 2014

ISBN 978-3-9805048-8-1

© 2014 fotoforum Verlag, Ludwig-Wolker-Straße 37, 48157 Münster
www.fotoforum.de

Gestaltung, Lektorat und Produktion:	fotoforum Verlag, Münster
Druck:	Bitter & Loose, Greven
Buchbinderische Herstellung:	Buchbinderei Terbeck, Coesfeld

Hinweise und Anmerkungen zum Buch: redaktion@fotoforum.de

Die Deutsche Nationalbibliothek verzeichnet diese Publikation in der Deutschen Nationalbibliografie; detaillierte bibliografische Daten sind im Internet unter http://dnb.d-nb.de abrufbar.

Printed in Germany

Alle Rechte, auch das der Verwertung und Speicherung in anderen Medien, Reproduktion, Übersetzung oder des Vortrags, vorbehalten. Jegliche Vervielfältigung und Verwertung bedarf der Zustimmung des Verlages.

Obgleich alle Anstrengungen unternommen wurden, um die Richtigkeit der abgedruckten Angaben sicherzustellen, übernehmen weder Autor noch Verlag oder Herausgeber eine Haftung für eventuelle Fehler und deren Folgen.

Die in diesem Werk verwendeten Marken-, Produkt- und Handelsnamen, Warenbezeichnungen etc. können auch ohne ausdrückliche Kennzeichnung Marken sein und als solche den gesetzlichen Bestimmungen unterliegen.

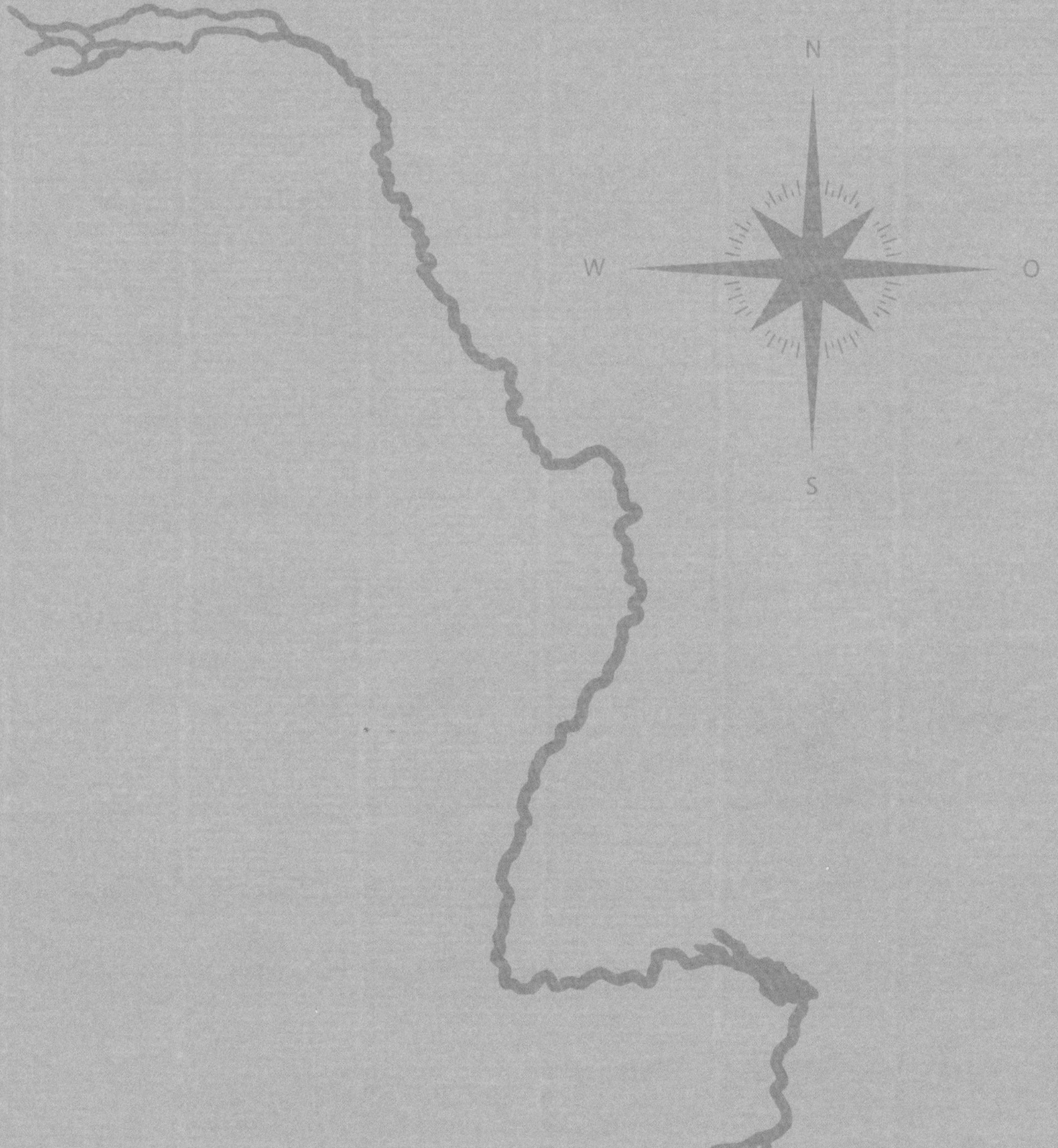
N
W
O
S